Wild auf Wild

HÄDECKE

Lukas Rosenblatt & Judith Meyer

Wild auf Wild

mitherausgegeben vom
Deutschen Jagdschutz-Verband

Die Rezepte sind für vier Portionen berechnet.
EL = Esslöffel   TL = Teelöffel
g = Gramm   ml = Milliliter
l = Liter   dl = Deziliter = 100 ml

«Wild auf Wild» ist eine eingetragene Marke
des Deutschen Jagdschutz-Verbandes e. V.,
Johannes-Henry-Straße 26, 53113 Bonn.
www.jagd-online.de

Lizenzausgabe für Walter Hädecke Verlag
www.haedecke-verlag.de

Gestaltung Cover:
Julia Graff, Design & Produktion, Düsseldorf

Gestaltung Inhalt:
aubergine, Heidy Schuppisser, Ennetbaden

Bilder Einführung:
Dietz Fotografen, Merlischachen; www.dietz.ch

Foodbilder: Patrick Zemp, Rothenburg

Printed in Germany

3. aktualisierte Auflage, 2009
ISBN 978-3-7750-0519-7

Inhaltsverzeichnis

Warenkunde

Wild, wilder

«Wild» ist der Sammelbegriff für alle wild lebenden Tiere, die dem Jagdgesetz unterliegen. In der Küche wird Wildbret (= Fleisch vomn in freier Wildbahn erlegtem Wild) von Haar- und Federwild verwendet. Das feinste und zarteste Fleisch aus der Kategorie Haarwild liefert das Reh. Es ist mit Abstand das am meisten zubereitete Wildfleisch. Kräftiger ist das Fleisch vom Rothirsch und vom Wildschwein. Das Fleisch von jungen Tieren ist würzig und hat einen festen Biss. Hauptwildlieferanten sind Wildschweine und Rehe, gefolgt von Rot- und Damwild sowie Hasen und Wildenten.

Die Jagd

Die Jagd auf wild lebende Tiere sicherte schon in der vorgeschichtlichen Zeit das Überleben des Menschen. Im Laufe der Jahrtausende bekam sie durch die Ausdehnung des Ackerbaus einen anderen Stellenwert. Die «freie Jagd für alle» wurde zum Privileg der Tüchtigen und Starken eines Stammes und war später dem Adel vorbehalten. Zu Zeiten Karls des Großen (768–814) wurde die Unterteilung in Hoch- und Niederwildjagd eingeführt. Zum Hochwild zählten Hirsche, Steinböcke, Gämse, Wildschweine, Auerhähne und Birkhähne. Dem «niederen Volk» blieb die Jagd auf Rehwild, Hasen, Wildkaninchen sowie Enten und anderes Federwild.

In vielen Teilen Europas sind die Jagdgebiete heute in Reviere aufgeteilt. Hier kann der Jäger, wenn er die staatliche Jägerprüfung bestanden hat, auf die Pirsch gehen oder auf einem Hochsitz ansitzen. Daneben hat die gemeinschaftliche, revierübergreifende Jagd stark an Bedeutung gewonnen. Welche Wildart gejagt werden darf und wie viele Tiere zur Jagd freigegeben werden, bestimmen die Jagdgesetze.

Wie das erlegte Wild zu behandeln ist, damit es hygienisch und in bester Qualität auf den Teller kommt, ist durch europäische und nationale Gesetze und Verordnungen vorgeschrieben.

Das Wildbret

Gestern wie heute hat das Wildbret einen hohen Stellenwert. Das Angebot aus der heimischen Jagd kann die Nachfrage bei weitem nicht decken. Importe von Reh- und Hirschfleisch in den Kühltheken der Supermärkte sind aber leider meist nicht mehr aus freier Wildbahn. Metzgereien und Fachgeschäfte bieten während der Jagdzeit Wildfleisch aus der heimischen Jagd an, aber auch immer mehr Jäger verkaufen ihr Wild portioniert direkt an die Verbraucher.

Das meiste Wildbret kommt in küchenfertige Einzelstücke zerlegt in den Handel. Auch beim Wild sind die Edelstücke von Keulen und Rücken am beliebtesten. Die anderen Teile werden meist in Ragoutstücke geschnitten und zu Wildgulasch verarbeitet. Aber auch Wildschinken und Wildsalami finden immer mehr Anhänger. Durch den geringen Fettanteil und hohen Eiweißgehalt hat Wild einen halb so hohen Energiewert wie anderes Fleisch.

Zudem ist Wildfleisch reich an Mineralien wie Kalzium, Phosphor und Eisen sowie Vitaminen der B-Gruppe.

Es ist ein offenes Geheimnis, dass sich die einzelnen Wildrezepte jeweils für verschiedene Wildtierarten eignen. Ein Rezept mit Rehfleisch kann ohne weiteres mit Wildschwein oder Hirschfleisch zubereitet werden.

Grundsätzlich wird Wildfleisch genauso zubereitet wie jedes andere Fleischgericht. Das Einlegen, Marinieren und Beizen ist heute nicht mehr üblich und zur Reifung auch nicht erforderlich.

Ideale Würzmittel
Kräuter: Rosmarin, Thymian, Salbei
Gewürze: Wacholder, Koriander, Lorbeer,
Piment, Pfeffer
Wildfrüchte: Preiselbeeren, Heidelbeeren,
Hagebutte, Eberesche

Haarwild

Das Rotwild

Das majestätische Rotwild ist die größte heimische Wildtierart. Nur die männlichen Tiere, die Rothirsche, tragen ein Geweih, das sie jedes Jahr im Frühling abwerfen. Sofort beginnt das neue Geweih zu wachsen – doch bis es wieder die ursprüngliche Größe hat, vergehen vier Monate. Während des Wachstums sind die Geweihstangen von einer schützenden Nährhaut umgeben. In dem sogenannten Bast verlaufen unzählige Blutgefäße, die für den raschen Aufbau von Knochenzellen sorgen. Hat das Geweih wieder seine volle Pracht erreicht, streift der Hirsch die Basthaut durch Verfegen und Schlagen an Bäumen und Büschen ab. Durch den austretenden Rindensaft wird das weiße Geweih bräunlich eingefärbt. Es muss mit Beginn der Brunftkämpfe in den ersten kalten Herbsttagen wieder die volle Größe haben. Die Hirschkuh bringt zwischen Mitte und Ende Mai meistens ein Junges, ein Kalb zur Welt. Feinschmecker schätzen vor allem das Fleisch von jungen ein- bis zweijährigen Tieren, auch Schmalwild genannt. Die Hauptjagdzeit ist in den Herbst- und Wintermonaten. Um die Jahrhundertwende war das Rotwild in den Mittelgebirgen und den Alpen fast ausgerottet, danach wanderte es aus Osteuropa wieder ein.

Steckbrief
Größe: 1,10–1,50 m Schulterhöhe
Gewicht: 60–120 kg,
je nach Lebensraum und Alter
Paarungszeit: September und Oktober
Setzzeit (Nachwuchs): Mai, meistens ein Kalb
Lebensraum: Wald

Das Damwild

Das Damwild gehört zur Familie der Hirsche. Es unterscheidet sich nicht nur in der Größe vom Reh- und Rotwild, sondern auch in der Geweihform: Im Gegensatz zum Rothirsch und zum Rehbock hat der Damhirsch großflächige Schaufeln. Darüber hinaus hebt sich das Damwild mit seiner prägnanten gepunkteten Fellzeichnung deutlich von den anderen heimischen Schalenwildarten ab. Nach der letzten Eiszeit war die Wildart in Mitteleuropa ausgerottet, wurde jedoch später wieder von den Menschen angesiedelt. Das Damwild ist ein Pflanzenfresser und ernährt sich hauptsächlich von Gräsern, Kräutern und Früchten. Das Fleisch ist von hoher Qualität.

Steckbrief
Größe: 75 cm–1 m Schulterhöhe
Gewicht: 30–80 kg,
je nach Lebensraum und Alter
Paarungszeit: Ende Oktober
Setzzeit (Nachwuchs): Juni, meistens ein Kalb
Lebensraum: parkähnliche Landschaften

Das Rehwild

Rehbock, Ricke und Kitz sind scheue Feld-, Wald- und Wiesenbewohner, die in Gruppen (sogenannten Sprüngen) leben. Der Bock stößt im Winter das Geweih mit seinen Nebensprossen ab, das sofort wieder nachwächst. Das Reh ist die kleinste Tierart in der Familie der Hirsche. Junge Tiere werden als Rehkitz, Jährlingsbock oder Schmalreh bezeichnet. Das Gewicht eines zweijährigen Tieres variiert je nach Lebensraum zwischen 13 und 16 Kilogramm. Rehe sind Nahrungsselektierer. Im Frühling und Sommer äsen sie Blätter und würzige Kräuter, im Herbst bevorzugen sie Eicheln und Buchnüsse. Während der Wintermonate leben sie vor allem von ihren Fettdepots. Zusätzlich suchen sie Knospen, Weichhölzer und Blätter von Himbeeren und Brombeeren. Die abwechslungsreiche Kost ergibt ein feines, zartes Fleisch von ausgezeichnetem Geschmack.

Steckbrief
Größe: 60–90 cm Schulterhöhe
Gewicht: 13–20 kg
Paarungszeit: Juli und August
Setzzeit (Nachwuchs): Mai, 1–2 Kitze
Lebensraum: Wälder, Wiesen und Felder

Die Haarwildteile

Die Keule

Ohne Knochen lässt sich die Keule im Ganzen braten. Einzelteile lassen sich auch am Stück braten oder schmoren. Für das Kurzbraten werden Schnitzel aus den Einzelteilen der Keule portioniert. Entsehnte Keulenabschnitte sind ideal für Geschnetzeltes und Ragouts.

Der Rücken

Den Rücken von allen Sehnen befreien und wie den berühmten Rücken Baden-Baden am Stück braten oder in die einzelnen Koteletts portionieren. Oder die Rückenfilets auslösen, portionieren (Medaillons) und kurz braten. Aus den Rückenknochen lassen sich kräftige Fonds und Saucen herstellen.

Die Schulter oder das Blatt

Die Schulter kommt als ganzes Stück selten in den Verkauf. Ausgelöst ohne Knochen lässt sie sich rollen und im Ofen schmoren. Die entsehnten Stücke eignen sich für Terrinen sowie Pasten. Allerdings kommt die Schulter nicht oft in den Handel, weil sie beim sogenannten Blattschuss zerstört wird.

Der Rippenbogen

Aus dem ausgelösten Rippenbogen mit den Bauchlappen können Ragouts sowie Rollbraten zubereitet werden. Dazu das Wildbret mit Kräutern und Gewürzen einreiben und satt einrollen und mit Küchenschnur binden. Der Rollbraten vom Rippenbogen muss geschmort werden.

Der Träger oder der Hals

Je größer das Wildtier ist, desto fleischiger ist auch der Hals. Er ist mit vielen Muskeln durchzogen und eignet sich zum Schmoren als Braten oder für ein saftiges Ragout.

Tipp
Bei größeren Wildfleischstücken ist es wichtig, die Kerntemperatur mit einem Fleischthermometer zu kontrollieren, damit die optimale Garstufe eingehalten werden kann. Bei 60 °C ist der Wildbraten blutig, bei 70 °C leicht rosa und bei 80 °C durchgebraten. Wild sollte generell über mehrere Minuten eine Kerntemperatur von 80 °C haben.

Schwarzwild

Schwarzkittel, wie die urigen Wildschweine auch genannt werden, fressen Pflanzen aller Art, aber auch Würmer, Käfer, Jungwild und sogar Aas. Das Wildschwein lebt im Familienverband, den sogenannten Rotten, die bis zu 50 Tiere umfassen. Auf Ackerflächen richten nach Nahrung suchende Wildschweine oft große Schäden an – manchmal zerstören sie sogar die ganze Ernte. Dank der günstigen klimatischen Verhältnisse sowie des reichhaltigen Nahrungsangebots können sich die Tiere hierzulande stark vermehren. Keiler (männliche Tiere), die in der Rauschzeit erlegt werden, sind häufig ungenießbar. Das Fleisch alter Bachen (weibliche Tiere) hat einen strengen Geruch. In der Küche werden deshalb ein- bis zweijährige Tiere, die Frischlinge und Überläufer, bevorzugt. Wildschweine müssen vom Veterinär stets auf Trichinen untersucht werden. Diese Fadenwürmer (Schmarotzer) befallen fleischfressende Säugetiere und auch Menschen.

Steckbrief
Größe: variiert stark je nach Lebensraum
Gewicht: starke Keiler bis 300 kg,
Bachen bis 200 kg, Überläufer 30–40 kg,
Frischlinge 10–30 kg

Schwarzwildteile

Nacken
Das Nackenfleisch ist kurzfaserig und besonders saftig. Es wird als Braten sehr geschätzt.

Rippenbogen
Der ausgelöste Rippenbogen eignet sich für Rollbraten oder Ragout.

Schulter
Die ausgelöste und in Rotwein marinierte Schulter eignet sich für einen schmackhaften Sauerbraten, ansonsten für Braten oder Ragout.

Rücken
Rücken entweder am Stück braten oder in T-Bone-Steaks portionieren. Vom ausgelösten Rücken lassen sich Steaks schneiden. Der Wildschweinrücken kann auch entlang der Wirbelsäule zweigeteilt werden. Das Karree am Stück braten oder in Koteletts portionieren. Auf der Unterseite des Rückens liegen die Filets; sie sind die zartesten Stücke. Filets in Medaillons schneiden oder am Stück braten.

Federwild

Wildente – Stockente

Die am meisten verbreitete heimische Ente ist die Stockente. Das Männchen (Erpel) ist mit seinem grün schillernden Gefieder rascher erkennbar als das braune Weibchen. Mit seinem auffälligen Gefieder lenkt der Epel die Feinde vom Gelege ab, in dem das gut getarnte Weibchen sich um den Nachwuchs kümmert.
Jungtiere erkennt man am biegsamen Brustbein und an den leicht zerreißbaren Schwimmhäuten.

Steckbrief
Länge: 58–60 cm
Gewicht: 1–1,2 kg
Begattung: Februar/März
Brutdauer: 30 Tage, 7–12 Eier
Lebensraum: an allen Gewässern

Geflügelteile

Ganze Ente

Gerupfte Enten gefüllt oder ungefüllt braten.

Brustfilets

Filets am Stück rosa braten oder in Medaillons schneiden.

Schenkel

Ganze Schenkel weich schmoren. Ausgelöste Schenkel in kleine Würfel schneiden und als Ragout weich schmoren.

Karkasse (Knochengerüst von Geflügel)

Karkasse klein schneiden. Für die Herstellung von Fonds oder Wildgeflügeljus verwenden.

Fasan

Der Fasanhahn hat ein viel auffälligeres Aussehen als die Henne und kann so potenzielle Feinde vom Gehege ablenken. Fasane ernähren sich abwechslungsreich. In der warmen Jahreszeit fressen sie Insekten, aber auch Würmer und Schnecken, im Herbst und Winter Vegetarisches, zum Beispiel Getreidekörner, Blattgrün, Eicheln und Zuckerrüben.
Das Fleisch der Henne ist zarter und feiner als das des Fasanenhahns.
Die häufigste Fasanenart ist der Ringfasan, der auch Wildfasan genannt wird.

Steckbrief
Länge: 50–90 cm, einschließlich Stoßfedern
Gewicht: 1–1,5 kg
Paarungszeit: März–Juni
Brutdauer: 24 Tage, 1–5 Eier
Lebensraum: landwirtschaftliche Flächen

Geflügelteile

Ganzer Fasan

Die zarte, magere Fasanenbrust wird geschützt, indem man sie mit Speck abdeckt.

Brustfilets

Brustfilets vor dem Braten in Mager- oder Spickspeck einwickeln. Sie können auch poeliert*, gedünstet oder gedämpft werden.

Schenkel

Die Unterschenkel sind mit starken Sehnen durchwachsen. Ideal für Terrinen sowie zum Klären von Wildessenzen.
Oberschenkel ganz oder ausgelöst schmoren.

Karkasse (Knochengerüst von Geflügel)

Für Wildgeflügelfond und Essenzen.

* *poelieren = halb dünsten, halb braten bei niedriger Temperatur*

Vorspeisen und kleine Gerichte

Rehterrine mit Aprikosenchutney

für eine Terrineform
von 1/2 l Inhalt

150 g Rehfleisch zum Kurzbraten
50 g Rehrückenfleisch
50 g Doppelrahm/Crème double
1 Msp Cayennepfeffer
1 Msp Kardamompulver
1 TL Kräutermeersalz
1 TL natives Olivenöl extra
2 Rehfilets
100 g Eierschwämmchen/
Pfifferlinge, klein geschnitten
1 Schalotte, fein gehackt
1 Thymianzweigchen,
Blättchen abgezupft
frisch gemahlener schwarzer
Pfeffer
5 cl Noilly Prat
1/2 dl/50 ml Bratenjus
8 Scheiben Rohschinken
8 zerdrückte Wacholderbeeren
10 zerdrückte Pfefferkörner
1 Rosmarinzweig, abgestreifte
Nadeln

Aprikosen-Chutney, Seite 91

1 Die 150 g Rehfleisch in feine Scheiben, diese in Streifen und diese wiederum in Würfelchen schneiden, fein hacken.

2 Das Rehrückenfleisch in etwa 3 mm große Würfelchen schneiden, zusammen mit Doppelrahm, Cayennepfeffer und Kardamompulver und wenig Kräutersalz würzen. Im Kühlschrank zugedeckt 2 Stunden durchkühlen lassen.

3 Die Rehfilets in einer Bratpfanne im Olivenöl rundum kräftig anbraten, zum Abkühlen auf einen Teller legen.

4 Die Pilze und die Schalotten in der Fleischpfanne kurz anbraten, mit wenig Kräutersalz, Thymian und Pfeffer würzen, mit dem Noilly Prat ablöschen, erhitzen, in ein Sieb geben, dabei den Fond auffangen.

5 Den Pilzfond zusammen mit dem Bratenjus zurück in die Bratpfanne geben, sirupartig einkochen lassen. Die Rehfilets im reduzierten Pilzjus wenden, kühl stellen.

6 Die Pilze in eine kleine Schüssel geben und mit dem restlichen Pilzjus mischen, kühl stellen.

7 Immer zwei Scheiben Rohschinken quer in die Form legen, so dass sie sich überlappen und über den Rand der Form reichen. Mit den restlichen Scheiben ebenso verfahren.

8 Den Backofen auf 150 °C vorheizen.

9 Die Pilze unter das gehackte und gekühlte Rehfleisch rühren, eventuell nachwürzen. Die Hälfte der Masse in die Terrinenform verteilen. Die Rehfilets längs darauf legen, mit der restlichen Masse decken, fest andrücken, mit dem überlappenden Rohschinken decken. Die Gewürze und die Rosmarinnadeln auf die Terrine verteilen.

10 Terrinenform in ein tiefes Backblech stellen. Etwa einen Liter Wasser erhitzen und in das Backblech gießen, auf halber Höhe in den Ofen schieben. Die Terrine bei 150 °C 30 Minuten pochieren, bis sie eine Kerntemperatur von 68 °C hat. Auskühlen lassen, 24 Stunden kühl stellen.

Edelfleischkäse vom Reh mit grünem Pfeffer

Für eine Terrinenform von
4 dl/400 ml Inhalt

200 g sehnenfreie Abschnitte
von Rehfleisch zum Kurzbraten
1,5 dl/150 g Rahm/süße Sahne
$1/2$ TL Meersalz
frisch gemahlener
schwarzer Pfeffer
1 Prise Pimentpulver
2 EL in Salzlake eingelegte
grüne Pfefferkörner
1 TL Butter
4 EL Lauchwürfelchen (Brunoise),
nur weiße Teile
je 1 EL gehackter Majoran,
Thymian und Rosmarin
1 Prise Kräutermeersalz

weiche Butter für die Form

Chili-Vinaigrette
3 rote Pfeffer-/Chilischoten
2 EL Sherryessig
1 EL Zucker
4 EL Traubenkernöl
$1/2$ TL Sojasauce
$1/2$ TL Akazienhonig
1 kleine rote Zwiebel,
fein gehackt

Tipp
Mit Feldsalat servieren.

1 Für den Fleischkäse das Rehfleisch in Würfelchen schneiden, mit dem Rahm und den Gewürzen mischen. Im Kühlschrank 2 Stunden kühl stellen.

2 Für die Vinaigrette die Chilischoten längs aufschneiden und entkernen, in kochendem Salzwasser 2 Minuten blanchieren, abgießen, die Schotenhälften mit dem Sherryessig beträufeln, 1 Stunde marinieren. Zucker in einer Pfanne leicht karamellisieren, Schoten samt Essig zufügen, aufkochen. Leicht auskühlen lassen. Mit Sojasauce und Honig abrunden. Vor dem Servieren die Zwiebeln beifügen.

3 Die grünen Pfefferkörner auf einem Küchenpapier trocknen. Die Butter in einer flachen Pfanne zerlassen, die Pfefferkörner zufügen und bei mittlerer Hitze 2 Minuten dünsten. Die Lauchwürfelchen zufügen und kurz mitdünsten, die Kräuter unterrühren, mit dem Kräutersalz bestreuen. Auf einen Teller geben, kühl stellen.

4 Den Backofen auf 160 °C Ober- und Unterhitze vorheizen. Die Terrinenform mit der weichen Butter einfetten.

5 Die gekühlten Rehwürfelchen im Cutter pürieren, bis die Farce bindet, in eine Schüssel geben, Lauch-Pfefferkörner-Mischung unterrühren. In die Terrinenform füllen.

6 Den Rehfleischkäse auf halber Höhe in den Ofen schieben, bei 160 °C rund 20 Minuten backen. Aus dem Ofen nehmen. Vor dem Anschneiden 5 Minuten ruhen lassen.

Carpaccio von Junghirschfilet mit Pilzsalat

Carpaccio
1 Hirschfilet
4 EL Haselnussöl
1 TL Birnendicksaft
frisch gemahlener
schwarzer Pfeffer
1 Prise Cayennepfeffer
2 erntefrische Feigen
2 EL geröstete Pinienkerne
2 EL halbierte Pistazien
Fleur de Sel (feinstes Meersalz)

Pilzsalat
$^1/_2$ EL Butter
4 mittelgroße Shiitake
4 Austernseitlinge
50 g Eierschwämmchen/
Pfifferlinge
Kräutermeersalz
frisch gemahlener
schwarzer Pfeffer
1 EL Rosinen
2 EL Balsamico-Essig
1 EL natives Olivenöl extra

1 Das Hirschfilet in 3 mm feine Scheiben schneiden, mit einem großen Messer flach klopfen.

2 Pilze in einem Sieb mit kaltem Wasser überbrausen, gut abtropfen lassen. Eine nicht klebende Bratpfanne bei mittlerer Hitze erwärmen, die Butter schmelzen, die Pilze zufügen und unter Rühren sautieren, mit Kräutersalz und Pfeffer würzen. Auf der ausgeschalteten Wärmequelle zugedeckt 5 Minuten ziehen lassen. Die Pilze in ein Sieb geben und den Fond auffangen. Fond zusammen mit den Rosinen und dem Balsamico-Essig sirupartig einkochen. Die Pilze und das Olivenöl zufügen, die Pilze im sirupartigen Fond schwenken.

3 Haselnussöl und Birnendicksaft verrühren, mit Pfeffer und Cayennepfeffer würzen. Die Feigen ungeschält in feine Spalten schneiden.

4 Hirschfiletscheiben mit den Feigenspalten gefällig auf Tellern anrichten. Die Pinienkerne und die Pistazien darüber streuen. Wenig Fleur de Sel darüber streuen. Mit der Haselnussmarinade beträufeln. Den noch warmen Pilzsalat dazu anrichten.

Rosa gebratenes Hirschfilet mit Trauben-Vinaigrette und Apfel-Kartoffel-Terrine

2 Hirschfilets vom Mittelstück,
ca. 160 g
1 EL Erdnussöl
Meersalz
frisch gemahlener Pfeffer

Trauben-Vinaigrette
2 dl/200 ml blauer Traubensaft
2 EL Walnussöl
1 EL Himbeeressig
frisch gemahlener
schwarzer Pfeffer
1 EL geröstete Kürbiskerne
12 Traubenbeeren, geviertelt

Apfel-Kartoffel-Terrine
500 g fest kochende Kartoffeln
20 g gedörrte Apfelschnitze
3 Scheiben geräucherter Speck
1/2 l Apfelsaft
1/2 EL Gemüsebrühe-Granulat
2 g Agar-Agar-Pulver
frisch geriebene Muskatnuss
Chilipulver

80 g Feldsalat

1 Für die Terrine die Kartoffeln schälen und in etwa
3 mm große Würfel schneiden, im Dampf garen, auf einem
Kuchenblech ausdampfen lassen. Die Apfelschnitze in
3 mm große Würfel schneiden. Die Speckscheiben in kleine
Quadrate schneiden. Den Apfelsaft mit dem Gemüsebrühe-Granulat und dem Agar-Agar-Pulver in einer kleinen
Pfanne glatt rühren, aufkochen, die Äpfel mit dem Speck
zufügen, bei mittlerer Hitze 5 Minuten köcheln, die Kartoffeln
zufügen, vermengen, pikant abschmecken. Die Masse in
eine Terrinenform füllen, 4 Stunden kühl stellen.

2 Für die Vinaigrette den Traubensaft bei starker Hitze auf
einen Esslöffel einkochen, mit dem Walnussöl und dem
Himbeeressig aufrühren, würzen. Vor dem Servieren die
gerösteten Kürbiskerne sowie die Traubenviertel zufügen.

3 Für das Fleisch den Backofen auf 180 °C vorheizen. In
einer Bratpfanne das Öl erhitzen, die Filets darin rundum
anbraten, mit Salz und Pfeffer würzen. In den vorgeheizten
Ofen schieben, 5 Minuten gar ziehen lassen. Auf einem
Kuchengitter 10 Minuten ruhen lassen.

4 Die Terrine auf eine flache Platte stürzen. Die Filetstücke
in Scheiben schneiden und dazu anrichten. Den Feldsalat
dazu legen. Fleisch und Salat mit der Vinaigrette beträufeln.

Galantine von der Wildente

1 Wildente
5 gehackte Wacholderbeeren
1/2 Bio-Orange,
abgeriebene Schale
1/2 TL gemahlene Koriandersamen

Füllung
50 g Hähnchenbrust
Brustfilet und Brustspitzen der
Wildente
1/2 TL Kräutermeersalz
1 Prise Cayennepfeffer
0,6 dl/60 g gekühlter Rahm/
süße Sahne
1/2 Bund gehackter Majoran
30 g Pistazien

Fond
1 l Geflügelbrühe
1/2 l trockener Weißwein
1 Lorbeerblatt
1/2 EL zerdrückte Pfefferkörner
1 kleiner Lauch, klein geschnitten
100 g Knollensellerie,
geschält und gehackt
1 mittelgroße Karotte,
geschält und gehackt

Tipps
Die Ente vom Metzger/Fachmann
(Punkt 1) vorbereiten lassen.
Galantine in Scheiben schneiden,
mit dem Böhnchensalat, Seite 80,
und einem Früchte-Chutney, ab
Seite 90, servieren.

1 Zum Ablösen der Haut die Ente auf beiden Seiten auf der Rückgratseite bis auf den Knochen einschneiden und die Haut ablösen. Das Schultergelenk ertasten, freilegen und durchtrennen, dabei das Gelenk leicht drehen. Fleisch der Karkasse entlang bis zum Hüftgelenk ablösen, dieses freilegen und durchtrennen. Fleisch entlang den Rippen-knochen ablösen. Das Messer wird immer gegen die Karkasse geführt, bis zum Übergang beim Brustbein. Die andere Seite ebenso auslösen. Nun das Brustbein von der Haut lösen, ohne es zu verletzen. Die Knochenstummel der Flügel und die Knochenreste der Schenkel umschneiden und abschaben und die Knochen herausschneiden. Nun das Fleisch sorgfältig von der Haut lösen. Das Schenkelfleisch von den Sehnen befreien, mehrmals einschneiden und leicht klopfen. Bei den Brüsten das Brustfilet ablösen, die Brust-spitzen für die Füllung zur Seite legen.

2 Ein umgekehrtes Blech mit einer Serviette oder Küchen-tuch belegen. Die Haut darauf legen. Mit der Hälfte der Gewürze einreiben. Schenkel und Brust mit restlicher Gewürzmischung marinieren. Das Schenkelfleisch im Recht-eck auf die Haut legen. Die Brust dazu legen. Mit einer Klar-sichtfolie zudecken, im Kühlschrank 2 Stunden marinieren.

3 Für die Füllung Hähnchenbrust, Brustfilet und Brustspit-zen der Ente klein würfeln, würzen, mit dem Rahm vermen-gen, 20 Minuten kühl stellen. Im Cutter fein hacken, Majoran und Pistazien unterrühren.

4 Die Füllung auf das ausgelegte Schenkelfleisch streichen. Die Brüste auf die Schenkel legen und das Ganze mit Hilfe der Serviette satt einrollen, mit einer Fleischschnur binden, so dass eine Wurst entsteht. In einen Bräter legen.

5 Für den Fond sämtliche Zutaten aufkochen, über die «Wurst» gießen. In den auf 150 °C vorgeheizten Ofen schieben und bei 100 °C (Ofen zurückschalten) und etwa 30 Minuten pochieren, bis die Galantine eine Innen-temperatur von 60 °C hat. Im Fond erkalten lassen. Die Schnüre und die Serviette entfernen, die Galantine 24 Stunden kühl stellen.

Fasanenmousse

für 4 Eierbecher oder
für eine flache Form von
2 dl/200 ml Inhalt

Gelee
1 dl/100 ml Fasanessenz, Seite 36
2 EL Portwein
1 g Agar-Agar-Pulver

Mousse
2 dl/200 ml Fasanessenz, Seite 36
5 zerdrückte rosa Pfefferkörner
1 EL Madeira oder Portwein
1 Bio-Orange, wenig
fein abgeriebene Schale
2 EL Orangensaft
1 Becher (180 g) süße Sahne
1 TL Agar-Agar-Pulver
40 g Butter

1 Eierbecher oder Form in den Tiefkühler stellen.

2 Für das Gelee Fasanenessenz, Portwein und Agar-Agar-Pulver in einer kleinen Pfanne glatt rühren, aufkochen, bei schwacher Hitze 5 Minuten kochen, zugedeckt beiseite stellen.

3 Wildgeflügelessenz, rosa Pfefferkörner, Madeira sowie Orangenschalen und Orangensaft aufkochen und bei schwacher Hitze 5 Minuten kochen. Rahm mit dem Agar-Agar-Pulver glatt rühren, zur Essenz geben, aufkochen, bei schwacher Hitze auf 2 dl/200 ml einkochen lassen. Kochtopf von der Wärmequelle nehmen, mit dem Stabmixer die Hälfte der Butter untermixen. Cremig aufgemixte Sauce durch ein feines Sieb in eine Schüssel passieren, nochmals aufmixen, die restliche Butter unterrühren, in die Eierbecher oder in die Form füllen. Sobald die Mousse anfängt fest zu werden, mit dem flüssigen Gelee übergießen. Zugedeckt 2 Stunden in den Kühlschrank stellen.

4 Die Köpfchen mit einem Messer sorgfältig lösen und auf Teller stürzen. Oder die Mousse mit dem Eisportionierer portionieren und auf Tellern anrichten.

Tipp Mit den marinierten Steinpilzen, Seite 80, garnieren.

Aufgeschnittene Paupiette vom Wildschwein

1 Wildschweinfilet
1 große rote Chilischote
$1/2$ rote Paprikaschote
2 EL Mie de Pain (Brotkrume ohne Kruste)
1 Bund gehackter Thymian
Kräutermeersalz
$1/2$ dl/50 g Rahm/süße Sahne

natives Olivenöl extra
Balsamico-Essig

Marinade
1 TL zerdrückte Senfkörner
1 TL gehackte Rosmarinnadeln
1 Prise Cayennepfeffer
$1/2$ TL Meersalz
1 EL natives Olivenöl extra

1 Die Spitze und das Ende des Filets abschneiden. Das Mittelstück mit einem langen Messer längs aufschneiden, so dass ein Rechteck entsteht, mit dem Messer leicht klopfen.

2 Senfkörner, Rosmarin, Cayennepfeffer sowie Salz mit dem Olivenöl im Mörser verreiben, die Hälfte der Marinade auf dem Filetrechteck ausstreichen.

3 Die Chilischote längs halbieren und entkernen, in kleine Quadrate schneiden. Die Paprikahälfte mit dem Sparschäler schälen, entkernen, in kleine Quadrate schneiden.

4 Die Spitze und das Ende des Filets fein hacken. Restliche Marinade, Chili- und Peperoniwürfelchen, Mie de Pain sowie Thymian mit dem gehackten Fleisch vermengen, mit Kräutersalz würzen, den Rahm untermischen.

5 Die Fleischfarce auf dem Filetrechteck ausstreichen, dieses satt einrollen. Mit Küchenschnur umwickeln.

6 Den Backofen auf 180 °C vorheizen.

7 Eine Bratpfanne erhitzen, mit wenig Olivenöl einpinseln. Die Paupiette bei mittlerer Hitze anbraten, in der Pfanne in den vorgeheizten Ofen schieben. Das Fleisch etwa 15 Minuten garen, bis die Paupiette eine Kerntemperatur von 60 °C hat.

8 Das Fleischröllchen auf einen Teller legen.

9 Das Fett in der Bratpfanne mit Küchenpapier auftupfen. Einige Esslöffel Balsamico-Essig zufügen, aufkochen und den Bratsatz auflösen, durch ein Sieb in eine kleine Pfanne passieren, bei schwacher Hitze auf die Hälfte einkochen. Fleischröllchen in der Reduktion wenden, zugedeckt auskühlen lassen.

10 Das ausgekühlte Fleischröllchen dünn aufschneiden und anrichten. Den eingekochten Balsamico-Essig dekorativ daneben träufeln.

Tipp
Mit der lauwarmen gefüllten Brioche, Seite 81, servieren.

Wildgeflügelessenz mit Fasanenklößchen

Wildgeflügelessenz
400 g Fasanschenkelfleisch
(ersatzweise Hühnerschenkel)
1 TL Meersalz
1 EL getrocknete Preiselbeeren
3 zerdrückte Wacholderbeeren
4 feine Ingwerscheiben
wenig klein geschnittene
Petersilienwurzel
2 klein geschnittene Schalotten
wenig klein geschnittener
Knollensellerie
2 Eiweiß
1 l Wildgeflügelfond, Seite 90

2 EL feine Lauchstreifen
für die Garnitur

Klößchen
70 g Fasanenbrust
70 g Fasanen- oder Pouletleber
1 Msp Macis oder
frisch geriebene Muskatnuss
Kräutermeersalz
frisch gemahlener weißer Pfeffer
1 dl/100 g Rahm/süße Sahne
1 TL fein gehackter Estragon
$^{1}/_{2}$ Eiweiß

2 dl/200 ml Geflügelfond

1 Fleisch für die Essenz grob hacken, am besten durch die grobe Scheibe des Fleischwolfs drücken. Fleisch, Gewürze, Gemüse und Eiweiß gut vermengen, das Ganze mit dem Wildgeflügelfond in einen Kochtopf geben, bei mittlerer Hitze aufkochen, mit einem Bratenwender immer wieder rühren, damit das Eiweiß nicht anbrennen kann. Sobald die Brühe kocht, den Bratenwender herausnehmen, die Wildgeflügelessenz auf kleinster Stufe 30 Minuten ziehen lassen, durch ein feines Tuch passieren.

2 Für die Klößchen das Fleisch und die Leber getrennt in kleine Würfel schneiden, würzen. Das Fleisch mit einer Folie zudecken, im Kühlschrank gut durchkühlen lassen. Den Rahm in eine Tasse gießen und 5 Minuten in den Tiefkühler stellen. Die Fleischwürfelchen mit dem Rahm im Cutter fein mixen, die Leber und das Eiweiß zufügen, fein pürieren. Die Farce durch ein Sieb streichen, Estragon unterrühren. Fleischmasse mit einem Teelöffel portionieren, d. h. Klößchen abstechen, im leicht kochenden Geflügelfond pochieren.

3 Fasanenklößchen auf die vorgewärmten Suppentassen oder Suppenteller verteilen. Wildgeflügelessenz aufkochen, eventuell nachwürzen, die Lauchstreifen zufügen, zu den Klößchen geben.

Hauptgerichte

Rehrücken im südlichen Kleid

1 küchenfertiger Rehrücken,
ca. 1,2 kg
2 EL Erdnussöl
1 unbehandelte Blondorange
4 Knoblauchzehen
4 getrocknete Wildfeigen,
halbiert
1 Radicchio di Treviso/Trevisano,
nur die Spitzen
1 Chicorée, nur die Spitzen
2 dl/200 ml Wildsauce, Seite 89
1 EL Balsamico-Essig
Fleur de Sel
Chilipulver
1 TL Honig

Marinade
10 zerdrückte Wacholderbeeren
4 zerdrückte Pfefferkörner
1 EL gehackte Rosmarinnadeln
1 Bio-Orange, wenig
abgeriebene Schale
1 EL natives Olivenöl extra

1 Für die Marinade sämtliche Gewürze mit dem Olivenöl verrühren. Rehrücken mit der Marinade einreiben, am besten über Nacht im Kühlschrank zugedeckt marinieren.

2 Den Backofen auf 220 °C vorheizen.

3 Eine Bratpfanne oder einen Bräter in der Größe des Rehrückens erhitzen, das Erdnussöl erwärmen, den Rücken auf beiden Fleischseiten kurz anbraten, damit sich die Poren schließen. Den Rücken so drehen, dass er auf den Knochen liegt. Im Ofen bei 220 °C etwa 20 Minuten braten, bis ein wenig Blut austritt. Rehrücken auf einem Kuchenblech bei Zimmertemperatur ruhen lassen.

4 Die Orange mit Schale in Spalten schneiden und entkernen. Die Knoblauchzehen schälen. Orangenfilets, Knoblauchzehen, Wildfeigen, Radicchio di Treviso und Chicorée in den Bräter geben, 10 Minuten unter Rühren rösten. 1 dl/100 ml Wildsauce und Balsamico-Essig zufügen, mit Fleur de Sel, Chilipulver und Honig abrunden.

5 Rehrücken nochmals in den Bräter legen und kurz nachbraten, etwa 5 Minuten. Auf eine vorgewärmte Platte legen und mit den geschmorten Beilagen garnieren.

6 Die Sauce in ein Pfännchen geben, mit der restlichen Wildsauce aufkochen, in der Saucière servieren.

7 Den Rehrücken tranchieren, mit dem Gemüse und den Früchten anrichten.

Tipp Dazu passen Spätzle, Seite 73, oder Briocheknödel, Seite 74.

Einkauf Beim Einkauf eines Rehrückens darauf achten, dass er sehnenfrei ist und keine Blutgerinnsel aufweist. Der hintere Teil des Rückens ist das qualitativ wertvollere Stück, weil er das Filet enthält.

Rehhaxe in Holundersauce

4 Rehhaxen
1 EL Bratbutter/Butterschmalz
Meersalz
4 Schalotten, geschält
Rotweinmarinade (siehe unten)
100 g Holunderbeeren oder
Holunderkompott ohne Saft,
Seite 91
1 dl/100 ml Wildfond, Seite 88

Rotweinmarinade
2 dl/200 ml kräftiger Rotwein
1 EL gehackte Rosmarinnadeln
je 4 zerdrückte Piment- und
Pfefferkörner
100 g Holunderkompott,
Seite 91
1 TL Zitronenpfeffer
1/2 dl/50 ml Himbeeressig

4 Steinpilze
Meersalz
1 Paket Chapati*

1 Den Backofen auf 180 °C vorheizen.

2 Sämtliche Zutaten für die Rotweinmarinade aufkochen, heiß über die Rehhaxen gießen. Bei Zimmertemperatur zugedeckt 2 Stunden marinieren.

3 Die Haxen aus der Marinade nehmen, mit Küchenpapier trocken tupfen und salzen. Bratbutter in einer Bratpfanne erhitzen, Haxen darin rundherum anbraten. Die Schalotten zufügen und kurz mitbraten. Haxen und Schalotten in einen Schmortopf geben. Bratfett abgießen, Rotweinmarinade zufügen und aufkochen, Bratsatz auflösen, über die Haxen gießen. Holunderbeeren oder Holunderbeerenkompott und Wildfond zufügen. Haxen im Ofen zugedeckt bei 180 °C während rund 60 Minuten weich schmoren. Aus der Sauce nehmen.

4 Die Sauce in ein Pfännchen gießen, bei mittlerer Hitze auf 2 dl/200 ml einkochen lassen.

5 Die Steinpilze längs halbieren, auf dem Grillrost Farbe annehmen lassen. Eine beschichtete Bratpfanne erhitzen, Chapati darin auf beiden Seiten kurz braten, bis sie Blasen werfen.

6 Die Haxen mit Sauce und Steinpilzen anrichten. Chapati dazu legen.

Variante Wenn kein Holunder verfügbar ist, gefrorene Heidelbeeren/Blaubeeren verwenden.

Serviervorschlag Mit dem Rosenkohl-Allerlei, Seite 79, servieren.

* Indisches Fladenbrot

42

Rehschnitzel auf Rotkrautrisotto

8 Rehschnitzel, je 50 g
Meersalz
frisch gemahlene Koriandersamen
frisch gemahlener
schwarzer Pfeffer
40 g Speckwürfelchen
Bratbutter/Butterschmalz
zum Braten
$^1/_2$ dl/50 ml Madeira
1 dl/100 ml Wildsauce, Seite 89
10 gehackte getrocknete
Preiselbeeren

Rotkrautrisotto
$^1/_2$ Kopf Rotkohl, ca. 400 g
2 Schalotten
2 Birnen
3 dl/300 ml kräftiger Rotwein
120 g Carneloni-Reis
1 EL natives Olivenöl extra
1 EL Geflügelbrühepulver
1 EL Butter
2 EL geriebener Parmesan
1 Prise Cayennepfeffer

Esskastanien
200 g tiefgekühlte Marroni
1 dl/100 ml Gemüsebrühe
10 g Butter

Variante
Für dieses Gericht können auch
Hirschmedaillons vom Rücken
oder Wildentenbrust verwendet
werden.

Reis
Es lohnt sich, eine gute Qualität zu
kaufen, weil das Korn nicht zerfällt
und der Reis länger Biss hat.

1 Strunk und Blattrippen beim Rotkohl entfernen, die Blätter quer in feine Streifen schneiden. Die Schalotten schälen und fein hacken. Eine Birne (die zweite ist für die Garnitur bestimmt) ungeschält vierteln und das Kerngehäuse entfernen, die Fruchtviertel klein würfeln. Rotkohl, Schalotten, Birnenwürfelchen und Rotwein aufkochen.

2 Reis im Olivenöl bei mittlerer Hitze glasig rühren, heißes Rotkrautgemisch und das Geflügelbrühepulver zufügen, bei schwacher Hitze 10 Minuten kochen. Risotto immer wieder umrühren, damit er nicht anklebt. Zugedeckt beseite stellen.

3 Gefrorene Esskastanien mit der Gemüsebrühe aufkochen, bei schwacher Hitze kochen, bis sie weich sind. Vorsicht: Nicht rühren und den Garprozess überwachen, damit die Früchte nicht zerfallen. Mit der Butter verfeinern.

4 Den Backofen auf 60 °C vorheizen.

5 Die Rehschnitzel mit Salz, Koriander und Pfeffer würzen. Bratbutter in einer Bratpfanne erhitzen, Rehschnitzel auf beiden Seiten bei starker Hitze kurz braten. Auf eine Platte legen, bei Zimmertemperatur 5 Minuten stehen lassen, im vorgeheizten Ofen warm stellen.

6 Die Speckwürfelchen in der Bratpfanne knusprig braten. Die zweite Birne ungeschält vierteln, das Kerngehäuse entfernen, die Viertel eventuell nochmals halbieren, zu den Speckwürfelchen geben und braten, bis sie leicht Farbe angenommen haben. Auf einem Teller warm stellen.

7 Das Bratfett der Schnitzel mit Küchenpapier auftupfen. Madeira zufügen und aufkochen, den Bratsatz lösen. Die Wildsauce und gehackte Preiselbeeren zufügen, aufkochen.

8 Rotkrautrisotto erhitzen, mit Butter und Parmesan verfeinern. Auf die Teller verteilen, die Rehschnitzel dazu legen, mit Speckwürfelchen, Birnenschnitzen sowie Esskastanien garnieren. Wenig Jus zufügen, den Rest separat servieren.

Rehwürfelchen mit Traubensauce

400 g Rehfleischwürfelchen
zum Kurzbraten
Öl zum Braten
$^1/_2$ dl/50 ml Weißwein
30 g weiße Lauchwürfelchen
2 dl/200 ml Wildsauce, Seite 89
1 dl/100 g Rahm/süße Sahne
8 weiße Traubenbeeren
8 blaue Traubenbeeren

Gewürzmischung
1 TL Kräutermeersalz
10 zerdrückte schwarze
Pfefferkörner
5 zerdrückte Wacholderbeeren
10 zerdrückte rosa Pfefferkörner

1 Portion Spätzle, Seite 73

1 Sämtliche Zutaten für die Gewürzmischung im Mörser oder im Cutter zerkleinern, die Lauchwürfelchen zufügen.

2 Das Öl in einer Bratpfanne erhitzen, das Fleisch darin portionsweise kurz braten, die Portionen immer wieder in ein Sieb geben und den Bratsaft auffangen. Es ist wichtig, nicht zu viel Fleisch auf einmal in die Bratpfanne zu geben, damit das Ganze nicht zu stark abkühlt und das Fleisch eine schöne Kruste bekommt.

3 Die Hälfte der Sahne steif schlagen. Die weißen und die blauen Traubenbeeren längs halbieren und entkernen.

4 Den Weißwein in die Bratpfanne geben, aufkochen, den Bratsatz auflösen, die Gewürzmischung mit dem Lauch zufügen, ein paar Minuten köcheln lassen, Wildsauce und flüssigen Rahm dazu geben und sämig einköcheln lassen. Die Traubenbeeren und das Fleisch zur Sauce geben, erhitzen. Den steif geschlagenen Rahm unterziehen.

Tipp Für A-la-minute-Wildgerichte eignet sich nur Fleisch vom Rücken oder Schlegel, das sehnen- und fettfrei ist.

Variante Hirsch- oder Wildschweinefleisch verwenden. Die Traubenbeeren durch Apfel- (Boskoop) oder Birnenwürfelchen ersetzen. Dieses Saucenfleisch kann auch ohne Rahm zubereitet werden; als Einlage eignen sich in diesem Fall Preiselbeeren und klein geschnittene Dörrzwetschgen.

Ragout von der Hirschnuss mit Birnensauce

1 kg Hirschragout
von der Schulter, ohne Knochen
1 EL gehackter Thymian
frisch gemahlener
schwarzer Pfeffer
frisch gemahlene Muskatnuss
je 1 Prise Nelken- und Zimtpulver
10 Saucenzwiebelchen
3 Schwarzwurzeln
2 Birnen
2–3 EL Öl zum Braten
1 EL Tomatenpüree
3 dl/300 ml kräftiger Rotwein
1 EL Mehl
3 dl/300 ml Wildfond, Seite 88

Dörrbirnen für die Garnitur

1 Das Hirschragout mit Küchenpapier trocknen, mit den Gewürzen vermengen, 20 Minuten einziehen lassen.

2 Die Saucenzwiebeln schälen und halbieren. Die Schwarzwurzeln schälen und in feine Scheiben schneiden. Die Birnen schälen, vierteln und entkernen, die Fruchtviertel in Würfelchen schneiden.

3 Das Hirschragout in einem Schmortopf im heißen Öl portionsweise anbraten, in ein Sieb geben und den Bratsaft auffangen.

4 Schwarzwurzeln und Saucenzwiebeln im Schmortopf braten, bis sie Farbe angenommen haben, in einer Schüssel beiseite stellen.

5 Den Backofen auf 180 °C vorheizen.

6 Das Hirschragout mit den Birnenwürfelchen in den Schmortopf geben, das Tomatenpüree unterrühren, das Bratgut mit dem Rotwein schluckweise ablöschen, die Flüssigkeit immer wieder einkochen lassen, bis das Ragout dunkelbraun ist, mit dem Mehl bestäuben, kurz rösten. Wildjus und Bratsaft zufügen, aufkochen. Zugedeckt in den Ofen schieben, bei 180 °C 40 Minuten schmoren. Das Ragout in ein Sieb geben und die Sauce in einem Kochtopf auffangen und bei mittlerer Hitze auf die Hälfte einkochen lassen. Zwiebeln sowie Schwarzwurzeln zufügen, erhitzen, eventuell nachwürzen.

Ragout Es ist wichtig, dass das ganze Ragout vom selben Fleischstück ist, damit es dieselbe Garzeit hat.

Tipp Mit Kartoffelpüree, Seite 76, Gewürz-Rotkraut, Seite 78, und Esskastanien, Seite 82, servieren.

Hirschkarree in der Kürbiskruste überbacken

1 Hirschkarree oder
Hirschracks, 720 g
Meersalz
1 dl/100 ml Apfelsaft
10 zerdrückte Koriandersamen
$^1/_2$ Sternanis, zerdrückt
1 Prise Cayennepfeffer
1 Portion Wildsauce, Seite 89
1 EL Butter
1 EL Honig

Kürbiskernkruste
50 g Kürbiskerne
100 g altbackenes Weißbrot
1 durchgepresste Knoblauchzehe
3 EL frische, gehackte Kräuter,
z. B. Petersilie, Thymian,
Rosmarinnadeln
50 g zimmerwarme Butter
1 EL Magerquark
frisch gemahlener schwarzer
Pfeffer

Marinade
$^1/_2$ Bio-Orange,
abgeriebene Schale
1 TL geriebene Ingwerwurzel
1 gehackte Pfeffer-/Chilischote
1 zerquetschte Knoblauchzehe
1 EL gehackte Rosmarinnadeln
4 EL natives Olivenöl extra

Gebackene Gemüsestreifen
2 Karotten, in feinen Streifen
2 EL Mehl
1 dl/100 ml Erdnussöl zum
Ausbacken

1 Orangenabrieb und Gewürze mit dem Olivenöl mischen, das Hirschkarree damit einreiben, im Kühlschrank mindestens einen Tag zugedeckt marinieren.

2 Für die Kürbskernkruste die Kürbiskerne bei starker Oberhitze kurz rösten, auskühlen lassen, dann fein hacken. Das trockene Weißbrot im Cutter fein mahlen oder mit dem Nudelholz fein zerstoßen. Butter mit dem Schneebesen luftig aufschlagen. Alle Zutaten vermengen, eine Rolle formen, diese in Klarsichtfolie einwickeln und kühl stellen.

3 Den Backofen auf 200 °C vorheizen.

4 Eine Bratpfanne aufheizen, das Hirschkarree darin rundherum kräftig anbraten, in den vorgeheizten Ofen schieben, 15 Minuten braten. Das Karree aus dem Ofen nehmen und salzen, auf einem Teller bei Zimmertemperatur rund 10 Minuten stehen lassen. Den Ofen auf 60 °C zurückschalten. Die Ofentür öffnen, bis die Temperatur erreicht ist. Das Karree im Ofen warm stellen.

5 Den Apfelsaft in die Bratpfanne geben, aufkochen und den Bratsatz auflösen, Koriandersamen, Sternanis, Cayennepfeffer und Wildsauce zufügen, in eine Saucenpfanne umgießen, die Sauce bei schwacher Hitze warm halten. Kurz vor dem Servieren aufkochen, die Butter unterrühren.

6 Das Erdnussöl erhitzen. Die Karottenstreifen im Mehl wenden, im heißen Öl knusprig braten. Gemüsestreifen auf Küchenpapier abtropfen lassen und warm halten.

7 Den Backofen auf 240 °C vorheizen. Das Karree mit dem Honig bestreichen. Die Kürbiskernmasse 5 mm dick auf dem Karree ausstreichen, auf der untersten Schiene in den Backofen schieben und bei 240 °C Oberhitze 5 bis 8 Minuten überbacken.

Serviervorschlag Karree aufschneiden, mit Karottenstroh sowie Marronimedaillons, Seite 75, und Birne im Preiselbeersaft, Seite 85, servieren. Sauce separat dazu reichen.

Hirschfilet im Wirsingblatt

500 g Hirschfilet
Meersalz
frisch gemahlener
schwarzer Pfeffer
2 EL Bratbutter/Butterschmalz
zum Braten
1 dl/100 g Rahm/süße Sahne
1/2 Scheibe Toastbrot,
klein gewürfelt
1 Bio-Orange, einige Zesten
3 EL Rosinen
Kräutermeersalz
Cayennepfeffer
4 große Wirsingblätter
1 EL Bratbutter/Butterschmalz
1 dl/100 ml Wildsauce, Seite 89
1 TL grobkörniger Senf
1/2 dl/50 g Schlagrahm/-sahne
1 TL Rum

1 EL Bratbutter/Butterschmalz
1 Apfel
4 Shiitake
1 kleiner Romanesco
Schnittlauch für die Garnitur

feines Meersalz

Variante
Auch eine zarte Fasanenbrust
eignet sich für dieses Rezept. Die
Wirsingblätter schützen das Fleisch
vor dem Austrocknen.

Serviervorschlag
Mit Grießhalbmonden, Seite 73,
oder Schupfnudeln, Seite 77,
servieren.

1 Beim Hirschfilet von der Spitze 100 g abschneiden und klein würfeln. Die Fleischwürfelchen mit Rahm, Toastbrot, Orangenzesten und Rosinen vermengen, mit Cayennepfeffer und Kräutersalz würzen, zugedeckt in den Kühlschrank stellen und 1 Stunde durchkühlen lassen.

2 Das Hirschfilet mit Salz und Pfeffer würzen. Die Bratbutter in einer Bratpfanne erhitzen, Filet darin rundherum kräftig anbraten, auf einem Teller erkalten lassen.

3 Von den Wirsingblättern die Mittelrippe entfernen, Blätter im Salzwasser blanchieren, im Eiswasser (Wasser mit Eiswürfeln) abkühlen, zum Trocknen auf Küchenpapier legen.

4 Wirsingblätter auf einem Küchentuch zu einem Rechteck in der Größe des Hirschfilets auslegen, mit Kräutersalz und Pfeffer würzen. Die Hirschwürfelchen im Cutter fein hacken, das Brät auf dem Wirsing ausstreichen. Filet darauf legen, satt einrollen, mit Küchenschnur zu einer Roulade binden.

5 Den Backofen auf 180 °C vorheizen.

6 Die Bratbutter in einer Bratpfanne erhitzen, die Roulade darin rundum anbraten. In der Mitte in den vorgeheizten Ofen schieben, bei 180 °C 15 Minuten braten. Aus dem Ofen nehmen, 10 Minuten stehen lassen.

7 Apfel mit Schale vierteln und entkernen, Fruchtviertel in Achtel oder kleiner schneiden. Pilze in Streifen schneiden. Romanesco in kleine Röschen brechen. Äpfel, Pilze und Gemüse in der Bratbutter braten, mit Kräutersalz würzen.

8 Die Wildsauce in der Fleischbratpfanne aufkochen, Bratsatz auflösen, den Senf beifügen, kurz vor dem Servieren mit Schlagrahm und Rum verfeinern.

9 Die Roulade aufschneiden, auf vorgewärmten Tellern anrichten, mit wenig feinem Meersalz bestreuen. Das Filet mit dem Gemüse-Pilz-Frucht-Potpourri umgeben, dieses mit wenig Sauce beträufeln. Mit Schnittlauch garnieren. Restliche Sauce separat servieren.

Hochzeit von Wildente und Fasan im Brickteig

1 Wildentenbrust
1 Fasanenbrust
1 Scheibe Toastbrot ohne Rinde
100 g Rahm/süße Sahne
frisch gemahlener
schwarzer Pfeffer
Chilipulver
Kräutermeersalz
2 getrocknete Aprikosen
2 EL getrocknete Preiselbeeren
1 EL geröstete Pinienkerne
Öl zum Braten
4 Scheiben Rohschinken
1 Brickblatt oder
100 g Strudelteig
flüssige Butter

Schmoräpfel
4 kleine Äpfel
1 dl/100 ml Apfelsaft
3 Ingwerscheiben
$^{1}/_{2}$ Chilischote, aufgeschnitten
1 dl/100 ml Wildsauce, Seite 89
20 g kalte Butterstückchen

Tipp
Kann gut vorbereitet werden.

Variante
Anstelle von Brick- oder Strudel-
teig eignen sich auch Blätter-
oder Briocheteig.

Serviervorschlag
Mit Rahmwirsing, Seite 81, und
hausgemachten feinen Nudeln,
Seite 74, servieren.

1 Die Wildenten- und die Fasanenbrust enthäuten. Bei beiden Fleischstücken die Spitzen und den schmalen Seitenteil wegschneiden.

2 Die Fleischabschnitte in kleine Würfel schneiden. Das Toastbrot ebenfalls in kleine Würfel schneiden, mit dem Rahm und den Fleischwürfelchen vermengen, mit Pfeffer, Chilipulver und Kräutersalz würzen, im Kühlschrank 1 Stunde durchkühlen lassen, dann im Cutter zu Brät mixen. Die Aprikosen in kleine Würfel schneiden. Die Preiselbeeren und die Pinienkerne hacken, zusammen mit den Aprikosen unter das Brät mischen. Kühl stellen.

3 Die Wildenten- und die Fasanenbrust mit Kräutersalz und schwarzem Pfeffer würzen, beide in einer Bratpfanne in wenig Öl rundherum anbraten, auf einem Teller auskühlen lassen.

4 Den Backofen auf 200 °C vorheizen.

5 Den Apfelsaft mit dem Ingwer und der Chilischote auf-kochen. Die ganzen Äpfel in eine kleine Bratform stellen und mit dem kochenden Apfelsaft übergießen. Die Brat-form auf halber Höhe in den Ofen schieben und die Äpfel bei 200 °C weich schmoren, die Früchte von Zeit zu Zeit mit dem Saft übergießen. Schmorsaft zusammen mit der Wildsauce auf 1 dl/100 ml einkochen. Vor dem Servieren mit den Butterstückchen aufschlagen, nicht mehr kochen.

6 Mit den Rohschinkenscheiben ein Rechteck legen, das Brät darauf ausstreichen. Die beiden Brüste darauf legen und satt einrollen. Päckchen auf den Brick- oder Strudelteig legen, mehrlagig einrollen, jede Schicht mit flüssiger Butter bepinseln. Die Rolle in den vorgeheizten Ofen schieben, bei 200 °C rund 20 Minuten backen. Vor dem Aufschneiden 10 Minuten ruhen lassen.

7 Fleischpäckchen in 4 gleich große Scheiben schneiden, mit dem Schmorapfel anrichten und mit dem Apfeljus umgeben.

Fasanenbrust mit Pak-Choi und Ingwerjus

4 Fasanenbrüste
ohne Flugknochen
1 TL frisch geriebener Ingwer
1/2 TL gemahlener Koriander
2 gehackte Schalotten
12 feine Ingwerscheiben
1 EL Butter
1 dl/100 ml Weißwein
1 dl/100 ml Wildgeflügelfond,
Seite 90
1 EL natives Olivenöl extra
8 halbierte Cherrytomaten
1 kleiner Pak-Choi
1 EL Sojasauce
Kräutermeersalz
frisch gemahlener
schwarzer Pfeffer
1 EL Sherry
1 TL Maisstärke

1 Portion Grieß-Halbmonde,
Seite 73

1 Die Fasanenbrüstchen mit dem geriebenen Ingwer und dem Koriander einreiben, der Länge nach einrollen und mit Küchenfaden umwickeln.

2 Den Backofen auf 150 °C vorheizen.

3 Schalotten und die Hälfte der Ingwerscheiben in einer flachen Pfanne in der Butter dünsten. Die Fasanenbrüstchen darauf legen, den Weißwein darüber gießen. Zugedeckt auf mittlerer Schiene in den Ofen schieben und bei 150 °C weiß dünsten (poelieren). Das Fleisch aus dem Fond nehmen und im ausgeschalteten Ofen warm stellen.

4 Den Fond durch ein feines Sieb passieren, mit dem Wildgeflügelfond auf 1 dl/100 ml einkochen.

5 Das Olivenöl in einer Bratpfanne erhitzen, die Cherrytomaten mit der Schnittfläche nach unten hineinlegen und leicht Farbe annehmen lassen, warm stellen. Geputzten und in die einzelnen Blätter zerlegten Pak-Choi mit dem restlichen Ingwer in die Bratpfanne geben, würzen, mit dem Geflügelfond ablöschen, 2 Minuten zugedeckt köcheln lassen. Den Sherry mit der Maisstärke glatt rühren, unter das Gemüse rühren, nochmals aufkochen. Die Fasanenbrüstchen und die Cherrytomaten zufügen. Das Ganze auf der ausgeschalteten Wärmequelle zugedeckt 2 Minuten ziehen lassen.

6 Die Fasanenbrüstchen aufschneiden, mit dem Gemüse anrichten. Die goldgelb gebratenen Grieß-Halbmonde separat dazu servieren.

Variante Die Fasanen- durch Perlhuhnbrust ersetzen.

Zweierlei Fasan mit Tagliatelle

2 Fasanenbrüstchen, ca. 140 g
4 feste Rosmarinzweige
rosa Pfeffer aus der Mühle
Öl zum Braten

4 Fasanenoberschenkel
Kräutermeeersalz
frisch gemahlener
schwarzer Pfeffer
1 TL Bratbutter/Butterschmalz
50 g Speckwürfelchen
2 gehackte Schalotten
2 getrocknete Feigen, klein
gewürfelt
1 EL gehackter Majoran
1 TL geschrotete
schwarze Pfefferkörner
2 dl/200 ml Wildgeflügelfond,
Seite 90
1 dl/100 ml Apfelwein
1 TL Birnendicksaft
2 EL Himbeeressig

1 Portion Nudeln, Seite 74

100 g entstielter Spinat,
grob geschnitten
frisch geriebene Muskatnuss
rosa Pfeffer aus der Mühle
Kräutermeersalz
$^{1}/_{2}$ dl/50 g Schlagrahm/-sahne

1 Fasanenbrüstchen in 16 Streifen schneiden, einrollen und auf die Rosmarinzweige stecken, mit dem rosa Pfeffer würzen. In den Kühlschrank stellen.

2 Den Backofen auf 60 °C vorheizen.

3 Die Fasanenoberschenkel von den Knochen befreien, in etwa 5 mm große Würfel schneiden. Die Bratbutter in einer flachen Bratpfanne erhitzen und die Speckwürfelchen knusprig braten, die Fleischwürfelchen mit Kräutersalz würzen, zusammen mit Schalotten, Feigen, Majoran und geschrotetem Pfeffer zufügen, zugedeckt 5 Minuten bei mittlerer Hitze dünsten, mit dem Wildfond und dem Apfelwein auffüllen, bei mittlerer Hitze zugedeckt 20 Minuten garen. Das Fleisch in ein Sieb abgießen, die Sauce auffangen und zurück in die Pfanne geben, zu einer dickflüssigen Sauce einkochen. Das Fleisch wieder zur Sauce geben, mit dem Birnendicksaft und dem Himbeeressig abrunden, warm stellen.

4 Spießchen mit Salz und Pfeffer würzen, im Öl beidseitig braten, im Ofen bei 60 °C warm stellen.

5 Nudeln im Salzwasser al dente kochen, abgießen.

6 Den Spinat in einer flachen Pfanne zusammenfallen lassen, mit Muskat, Pfeffer und Kräutersalz würzen. Die Tagliatelle zum Spinat geben, den Schlagrahm unterziehen.

7 Die Nudeln auf Tellern anrichten, die Spießchen darauf legen. Das Fasanenragout in einer kleinen Schale dazu servieren.

Toskanischer Wildschweinpfeffer

800 g Wildschweinschulter
1 EL zerdrückte Wacholderbeeren
1 Lorbeerblatt
2 geschälte, zerdrückte
Knoblauchzehen
3 zerdrückte Pimentkörner
1 l kräftiger Rotwein
1 dl/100 ml Rotweinessig
2 EL Erdnussöl
2 kleine Karotten,
in 1 cm langen Stücken
2 kleine Zwiebeln, halbiert
1 geschälte rote Paprikaschote,
in 1 cm großen Quadraten
Kräutermeersalz
frisch gemahlener
schwarzer Pfeffer
2 EL Preiselbeerkompott
$^1/_2$ l Wildfond, Seite 88
2 kleine Artischocken
1 EL natives Olivenöl extra
je 8 grüne und schwarze Oliven

Serviervorschlag
Mit grünen Gnocchi, Seite 75,
sowie Gewürz-Rotkraut, Seite 78,
servieren.

Fleischbeize
Für die Beize nur Wein bester
Qualität verwenden. Der Wild-
schweinpfeffer ist saftiger als
Reh- und Hirschpfeffer, da er
einen höheren Fettanteil hat.

1 Fleisch in gleich große Würfel schneiden, mit Wacholderbeeren, Lorbeerblatt, Knoblauchzehen, Pimentkörnern, Rotwein und Rotweinessig in einen Tontopf geben und bei Zimmertemperatur zugedeckt 2 Tage ziehen lassen.

2 Den Backofen auf 180 °C vorheizen.

3 Den Wildschweinpfeffer in ein Sieb geben, den Fond auffangen. Die Fleischstücke mit Küchenpapier trocken tupfen. Erdnussöl in einem Brattopf erhitzen, Fleischstücke unter ständigem Rühren kräftig anbraten. Karotten, Zwiebeln und Paprika zufügen, bei starker Hitze hellbraun braten, mit Salz und Pfeffer würzen, Rotweinfond zufügen, aufkochen und den Bratfond auflösen. Preiselbeerkompott und Wildfond zufügen, aufkochen, den Wildschweinepfeffer 40 bis 50 Minuten schmoren. Den Topfinhalt in ein Sieb geben. Fond in die Pfanne zurückgeben, auf $^1/_2$ l einkochen. Das Ragout wieder zur Sauce geben und bei schwacher Hitze zugedeckt warm halten.

4 Die Artischockenblätter sorgfältig abbrechen, Stiel auf 2 cm kürzen. Die grünen Blätter wegschneiden, so dass die weißen Artischockenböden mit Stiel zurück bleiben. Die Böden in Achtel schneiden, die Blütenfäden entfernen. Das Olivenöl in einer Bratpfanne erhitzen, die Artischockenstücke goldgelb braten, die Oliven kurz mitbraten.

5 Den Wildschweinpfeffer anrichten, die Garnitur dazugeben.

Zweierlei vom Wildschwein
mit Olivenöl-Gemüsepüree

1 Wildschweinfilet
1 TL Zitronenpfeffer
4 EL Holunderkompott, Seite 91
400 g Wildschweinhuft/hüfte
einige zerdrückte
weiße Pfefferkörner
Meersalz
2 Zucchini
1 Stange Staudensellerie
2 Schalotten
1 kleiner Apfel
2 Knoblauchzehen
1 Bio-Zitrone
2 dl/200 ml natives Olivenöl
extra
1 Bund glattblättrige Petersilie
2 EL Kapern
1 EL natives Olivenöl extra
1 dl/100 ml Wildsauce, Seite 89

Serviervorschlag
Mit Trevisanoröllchen, Seite 78,
servieren.

Tipps
Rosa gebratenes Fleisch etwa
1 Stunde vor dem Anbraten aus
dem Kühlschrank nehmen. Das
restliche Gemüsepüree zum
Anreichern von Salatsaucen und
als Sauce zu Grilladen ver-
wenden.

1 Wildschweinfilet mit dem Zitronenpfeffer einreiben. In den Kühlschrank legen.

2 Wildschweinhuft/hüfte mit den zerdrückten weißen Pfefferkörnern und mit Salz einreiben.

3 Den Backofen auf 160 °C vorheizen.

4 Die Zucchini schälen, die Schalen hacken und beiseite stellen. Zucchini, Sellerie, Schalotten und geschälten Apfel klein schneiden. Die geschälten Knoblauchzehen zerquetschen. Die Hälfte der Schale der Zitrone abreiben, die Frucht auspressen. Sämtliche Zutaten, ohne Zucchinischalen, mit dem Olivenöl vermengen. Das Olivenöl-Gemüsegemisch im Schmortopf erwärmen, die Huft darauf legen. Den Topf halbhoch in den Backofen schieben, das Fleisch bei 160 °C 2 Stunden schmoren. Garprobe: mit der Tranchiergabel in das Fleisch stechen. Wenn man sie ohne Widerstand herausziehen kann, ist es gar. Den Braten im ausgeschalteten Ofen warm halten.

5 Gemüse, Zucchinischalen und gehackte Petersilie fein pürieren, mit Kräutersalz und Pfeffer abschmecken. Warm stellen.

6 Das Wildschweinfilet in einer Bratpfanne im Olivenöl rundherum kräftig anbraten, die trocken getupften Kapern zufügen und knusprig braten, herausfischen, auf Küchenpapier abtropfen lassen. Die Wärmequelle auf mittlere Stufe zurückschalten, das Filet zugedeckt 5 Minuten braten, im Ofen warm stellen. Die Wildsauce in die Bratpfanne geben, aufkochen, den Bratsatz aufösen, Holunderkompott zufügen, wenig einköcheln lassen. Das Filet in der Sauce wenden.

7 Die Wildschweinhuft aufschneiden, mit der Sauce überziehen und den Kapern bestreuen. Das aufgeschnittene Filet auf dem Gemüsepüree anrichten.

Saltimbocca vom Jungwildschwein auf Shiitake

12 Wildschweinmedaillons,
je 30 g
frisch gemahlener
schwarzer Pfeffer
6 Scheiben Rohschinken,
längs halbiert
12 kleine Salbeiblätter
2 EL natives Olivenöl extra
12 mittelgroße Shiitake ohne Stiel
frisch gemahlener
schwarzer Pfeffer
Kräutermeersalz
1/2 dl/50 ml Weißwein

1 EL Butter
1 Portion Schupfnudeln, Seite 77
1 EL Salbeistreifchen

Karotten-Ingwer-Sauce
2 dl/200 ml Karottensaft
100 g geschälte,
klein geschnittene Karotten
2 EL fein geriebene Ingwerwurzel
1 TL Rundkornreis
Kräutermeersalz
Chilipulver
Himbeeressig
20 g kalte Butterstückchen

1 Die Wildschweinmedaillons mit dem Pfeffer bestreuen, mit den Salbeiblättern belegen, in den Rohschinken einwickeln.

2 Karottensaft, Karotten, Ingwer und Reis bei schwacher Hitze 20 Minuten kochen. Mit dem Stabmixer pürieren und durch ein feines Sieb passieren. Kurz vor dem Servieren aufkochen, mit Kräutersalz, Chilipulver und Himbeeressig abschmecken. Kalte Butterstückchen unter die heiße Sauce schlagen, nicht mehr kochen.

3 Den Backofen auf 60 °C vorheizen. Eine Platte warm stellen.

4 Das Olivenöl in einer Bratpfanne erhitzen, die Wildschweinmedaillons beidseitig je 2 Minuten braten, auf die vorgewärmte Platte legen.

5 Die Pilze in der Fleischpfanne braten, mit Kräutersalz und Pfeffer würzen. Den Weißwein zufügen, die Pilze 5 Minuten zugedeckt schmoren.

6 Die Schupfnudeln und die Salbeistreifchen in der Butter schwenken.

7 Saltimbocca auf den Pilzen anrichten, mit der Karotten-Ingwersauce umgießen, Schupfnudeln dazu anrichten.

Rehmedaillons

8 Rehmedaillons vom Filet, je 40 g
1 TL Meersalz
1–2 EL Öl zum Braten
2 dl/200 ml Wildfond, Seite 88
2 Schalotten, fein gehackt
1 EL gehackte Rosmarinnadeln
1 TL Honig
1 EL Butter

Marinade
1/2 TL Kreuzkümmelsamen
einige Orangenzesten
10 Koriandersamen
1 Prise Cayennepfeffer
1 EL natives Olivenöl extra

1 Die Zutaten für die Marinade im Mörser fein verreiben, die Rehmedaillons damit einreiben, mindestens 3 Stunden marinieren.

2 Den Backofen auf 60 °C vorheizen.

3 Die Medaillons mit dem Salz bestreuen. Das Öl in einer Bratpfanne erhitzen, die Medaillons auf beiden Seiten 2 Minuten braten, auf eine Platte legen, im vorgewärmten Ofen warm stellen.

4 Das Bratfett abgießen, den Bratsatz mit dem Wildfond ablöschen, Schalotten und Rosmarin zufügen, bei mittlerer Hitze auf die Hälfte einkochen lassen, kurz vor dem Servieren mit dem Honig und der Butter aufmixen.

5 Die Rehmedaillons im heißen Wildfond drehen, auf vorgewärmten Tellern anrichten. Die Sauce separat servieren.

Tipp Mit den Rosenkohlravioli, Seite 83, servieren.

Wildentenbrust mit Honig-Sternanis-Sauce

4 Wildentenbrüste, ca. 120 g
8 zerdrückte Wacholderbeeren
$^1/_2$ unbehandelte Orange,
davon Zesten
1 TL gehackter Thymian
1 entkernte, fein gehackte
Chilischote
1 EL natives Olivenöl extra
natives Olivenöl extra zum Braten
Meersalz

Sauce
1 dl/100 ml kräftiger Rotwein
2 gehackte Schalotten
1 dl/100 ml frisch gepresster
Orangensaft
1 zerdrückter Sternanis
wenig Zimtrinde
2 dl/200 ml Wildfond, Seite 88
1 EL Honig
1 Msp Cayennepfeffer

Gemüse
1 TL grobkörniger Senf
1 TL Apfelessig
1 EL Haselnussöl
Kräutermeersalz
100 g knackig gegarte
grüne Bohnen
2 EL gekochte Linsen,
z. B. Berglinsen und rote Linsen

1 Portion Briocheknödel, Seite 74

1 Die Fettschicht bei den Entenbrüstchen kreuzweise einschneiden. Die Gewürze mit dem Olivenöl mischen, das Fleisch damit einreiben. Am besten über Nacht im Kühlschrank marinieren.

2 Den Backofen mit einem runden Kuchenblech auf 80 °C vorheizen.

3 In einer Bratpfanne wenig Olivenöl erhitzen, die Wildentenbrüstchen auf der Fettseite 2 Minuten braten, wenden und auch auf der Innenseite 2 Minuten braten. Das Fleisch auf das vorgewärmte Kuchenblech legen, mit Salz würzen. In den vorgewärmten Ofen schieben, bei 80 °C in 30 Minuten garen. Die Temperatur auf 60 °C zurückschalten, dazu die Ofentüre öffnen, bis die Temperatur erreicht ist. Bei 60 °C können die Brüstchen bis zu 20 Minuten warm gehalten werden.

4 Für die Sauce Schalotten mit Rotwein, Orangensaft, Sternanis und Zimtrinde bei mittlerer Hitze sirupartig einkochen. Mit dem Wildfond aufgießen, bei mittlerer Hitze auf die Hälfte reduzieren. Die Sauce durch ein feines Sieb passieren, nochmals aufkochen, mit dem Honig und dem Cayennepfeffer abrunden.

5 Für die Gemüsesauce Senf, Essig und Haselnussöl in einer flachen Pfanne unter Rühren erwärmen, mit Kräutersalz würzen, Bohnen und Linsen zufügen und erwärmen.

6 Die Wildentenbrüstchen dünn aufschneiden, zusammen mit dem Gemüse und den Briocheknödeln anrichten. Die Sauce separat servieren.

Beilagen

Brioche

Für eine kleine Cakeform oder
Briocheförmchen

$^1/_2$ dl/50 ml lauwarme Milch
10 g Zucker
10 g Hefe
1 EL Mehl
$^1/_2$ dl/50 ml Milch
1 Freilandei, 50 g
2 Eigelbe von Freilandeiern, 80 g
200 g Weizen- oder
Dinkelweißmehl/Mehltype 405
80 g weiche Butter
1 TL Meersalz
1 TL Rum

1 Eigelb zum Bepinseln

weiche Butter für die Form/
Förmchen

1 Für den Vorteig lauwarme Milch, Zucker, zerbröckelte Hefe und Mehl glatt rühren, die Schüssel mit einer Klarsichtfolie zudecken. Den Teig bei Zimmertemperatur auf das doppelte Volumen aufgehen lassen, etwa 40 Minuten.

2 Milch, Ei und Eigelbe glatt rühren, zum Vorteig geben. Das Mehl dazu sieben und alles zu einem festen Teig kneten. Die Butter in kleinen Portionen einkneten, den Teig in der Küchenmaschine auf mittlerer Stufe 20 Minuten kneten. Die Schüssel mit Klarsichtfolie zudecken, den Teig 30 Minuten gehen lassen.

3 Den Backofen auf 220 °C vorheizen. Die Backform/ -förmchen gut mit der weichen Butter einfetten.

4 Den Teig nochmals gut durchkneten, in die Form oder die Förmchen füllen, 20 Minuten gehen lassen. Mit dem Eigelb bepinseln.

5 Form/Förmchen auf halber Höhe in den Ofen schieben, 4 Esslöffel kaltes Wasser auf den Backofenboden gießen; die Türe sofort schließen, damit kein Dampf entweichen kann. Den Backofen auf 180 °C zurückschalten. Die Backzeit beträgt etwa 20 Minuten, für die kleinen Brioches nur 10 Minuten.

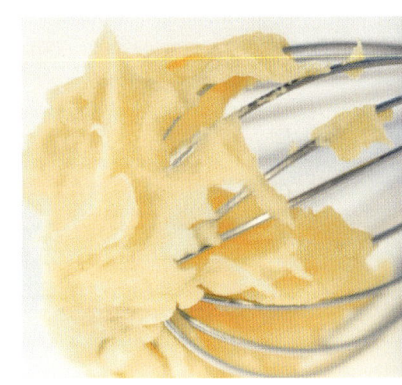

Spätzle

2 Freilandeier
^{1}/2 dl/50 ml kohlensäurehaltiges
Mineralwasser
^{1}/2 TL Meersalz
frisch gemahlener
schwarzer Pfeffer
1 Msp frisch
geriebene Muskatnuss
200 g Weizen- oder
Dinkelweißmehl/Mehltype 405

Kässpätzle
Spätzle lagenweise in eine Form
füllen, jede Lage mit geriebenem
Käse bestreuen. In einer kleinen
Pfanne 2 Esslöffel Butter aufschäu-
men, 2 Esslöffel Paniermehl unter-
rühren, über die Spätzle verteilen.

1 Die Eier mit dem Mineralwasser und dem Salz verquirlen,
mit Pfeffer und Muskatnuss abschmecken.

2 Das Mehl in eine Schüssel sieben und eine Vertiefung
formen. Die Eimasse hinein gießen und alles zu einem Teig
rühren, schlagen, bis er Blasen wirft. 1 Stunde zugedeckt
ruhen lassen.

3 In einem Kochtopf reichlich Salzwasser aufkochen. Den
Spätzleteig auf ein rechteckiges Brett geben, mit einem
breiten Messer schmale Streifen (Spätzle) ins Kochwasser
schaben oder den Teig durch eine Spätzlespresse oder
-sieb drücken. Sobald die Spätzle an die Oberfläche steigen,
mit einem Schaumlöffel herausnehmen und unter kaltem
Wasser abschrecken. In eine Schüssel geben.

4 Spätzle kurz vor dem Servieren in einer beschichteten
Pfanne in wenig Butter schwenken.

Grieß-Halbmonde

^{1}/2 l Milch
^{1}/2 TL Kräutermeersalz
frisch geriebene Muskatnuss
130 g Weizengrieß
1 Eigelb von einem Freilandei
2 EL fein gehackte Gartenkräuter
50 g geriebener Parmesan

**Bratbutter/Butterschmalz zum
Braten**

1 Die Milch aufkochen, mit Kräutersalz und Muskatnuss
würzen, den Grieß einrieseln lassen, unter ständigem
Rühren bei schwacher Hitze zu einem festen Brei kochen,
die Pfanne von der Wärmequelle nehmen, den Brei abkühlen lassen.

2 Eigelb, Kräuter und Parmesan unter den Grieß rühren.
Die Masse auf einem Blechrücken etwa 1 cm dick ausstreichen. Mit Klarsichtfolie zudecken, vollständig auskühlen
lassen.

3 Aus der Grießmasse mit einem Plätzchenausstecher
Halbmonde ausstechen, in einer beschichteten Bratpfanne
in der Bratbutter goldgelb braten.

Nudelteig

2 Freilandeier
1 Eigelb von einem Freilandei
$^1/_2$ TL Meersalz
1 EL natives Olivenöl extra
175 g Weizen- oder
Dinkelweißmehl/Mehltype 405
75 g Spätzlemehl (= doppel-
griffiges Weizenmehl, Type 405)
Butter zum Schwenken

1 Eier, Eigelb, Salz und Olivenöl mit dem Schneebesen aufschlagen.

2 Mehl und Spätzlemehl in einer Schüssel mischen, eine Vertiefung formen. Die Eiermasse hineingießen, zu einem zähen Teig verarbeiten, mindestens 10 Minuten kneten, damit der Kleber gut herausgearbeitet wird. Den Nudelteig in eine Klarsichtfolie einwickeln, bei Zimmertemperatur mindestens 1 Stunde ruhen lassen.

3 Aus dem Teig 3 Streifen von 5 cm Breite und 5 mm Dicke ausrollen. Jedes Band mit der Nudelmaschine stufenweise auf 1 mm Dicke ausrollen. Aus den Bändern beliebig breite Nudeln schneiden, 15 mm für Pappardelle, 5 mm für Tagliatelle, 2 mm für Tagliarini.

4 Die Nudeln in reichlich Salzwasser al dente kochen, abgießen, in der Butter schwenken.

Briocheknödel

250 g Brioche oder Hefezopf
1 Schalotte
1 Knoblauchzehe
1 TL Butter
20 g gehackte Kräuter,
z. B. Petersilie, Majoran, Kerbel
ca. 1 dl/100 ml lauwarme Milch
2 Eier, Kräutermeersalz
frisch geriebene Muskatnuss
Butter zum Ausbraten

1 Brioche oder Hefezopf in etwa 1 cm große Würfel schneiden, trocknen lassen.

2 Die Schalotte und die Knoblauchzehe schälen und fein hacken, in der Butter goldbraun rösten, die Kräuter zufügen, zusammen mit $^3/_4$ der lauwarmen Milch zu den trockenen Briochewürfeln geben.

3 Die Eier aufschlagen, mit Kräutersalz und Muskatnuss würzen, mit den Briochewürfeln vermengen, 30 Minuten stehen lassen.

4 Aus der Brotmasse Rollen von 2 cm Durchmesser formen, in Servietten einwickeln, beide Enden mit Küchenschnur zubinden.

5 In einem großen Kochtopf reichlich Gemüsebrühe aufkochen, Knödel zufügen, bei schwacher Hitze 15 bis 20 Minuten ziehen lassen. Die Knödel im Fond erkalten lassen, dann aus der Serviette nehmen und in 5 mm dicke Scheiben schneiden. In einer beschichteten Pfanne in Butter goldgelb braten.

Grüne Gnocchi

1 Winterspinat-Rosette oder
20 g aufgetauter, ausgedrückter
Blattspinat
5 Basilikumblätter
125 g Ricotta
90 g geriebener Parmesan
75 g Weizen- oder
Dinkelweißmehl/Mehltype 405
1 Eigelb von einem Freilandei
$^1/_2$ TL Kräutermeersalz
frisch geriebene Muskatnuss

Salbeibutter
2 fein geschnittene Salbeiblätter
1 EL Butter

1 Die Spinatblätter von den Stielen zupfen, waschen und abtropfen lassen. In einem flachen Topf bei starker Hitze zusammenfallen lassen, in ein Sieb geben und ausdrücken. Spinat und Basilikum fein hacken.

2 Sämtliche Zutaten in eine Schüssel geben, zu einem festen Teig kneten. Aus dem Teig Rollen von knapp 1 cm Durchmesser formen und diese in 5 mm dicke Scheiben schneiden, daraus Kugeln formen.

3 In einem großen Kochtopf reichlich Salzwasser aufkochen. Die Teigkugeln über eine Gabel ins kochende Wasser drehen. Sobald die Gnocchi an die Oberfläche steigen, mit einem Schaumlöffel herausnehmen, auf ein eingeöltes Kuchenblech verteilen.

4 Gnocchi vor dem Servieren in der Salbeibutter erwämen.

Marroni-Medaillons

300 gefrorene Esskastanien
50 g Spätzlemehl
(s. Nudelteig, S. 74)
2 Eigelbe von Freilandeiern
1 EL natives Olivenöl extra
1 EL Rosinen
frisch gemahlener
schwarzer Pfeffer
1 Prise Cayennepfeffer
Kräutermeersalz

Bratbutter/Butterschmalz
zum Braten

1 Die gefrorenen Esskastanien im Dampf gut weich garen, durch die Flotte Lotte drehen oder durch die Kartoffelpresse drücken. Spätzlemehl, Eigelbe, Olivenöl und Rosinen unterrühren, den Teig würzen.

2 Aus dem Teig Rollen von 15 mm Durchmesser formen und diese in 10 mm dicke Medaillons schneiden, einseitig mit dem Messerrücken ein gitterartiges Muster eindrücken.

3 Die Marroni-Medaillons in einer beschichteten Bratpfanne in der Bratbutter beidseitig braten.

Apfel-Brot-Medaillons

1 Das Brot in kleine Würfel schneiden, mit dem Rahm vermengen, 5 bis 10 Minuten stehen lassen.

2 Die Butter in einer flachen Pfanne zergehen lassen, die eingeweichten Brotwürfel darin unter Rühren wenden, bis sich die Masse vom Pfannenboden löst. Von der Wärmequelle nehmen.

3 Den Apfel schälen, das Kerngehäuse ausstechen, die Frucht auf der groben Reibe raspeln, zusammen mit den Kürbiskernen unter die Panade rühren.

4 Eigelbe, Quark und Gewürze glatt rühren, unter die noch warme Panade rühren.

5 Aus der Masse Medaillons von etwa 40 g formen, in der Bratbutter beidseitig bei mittlerer Hitze goldgelb braten.

120 g Weißbrot ohne Rinde
1 dl/100 g Rahm/süße Sahne
1 EL Butter
1 kleiner Boskoop oder
1 Rubinette
1 EL geröstete, gehackte Kürbiskerne
3 Eigelbe von Freilandeiern
1 EL Quark
1 Prise Cayennepfeffer
$1/2$ TL Korianderpulver
$1/2$ TL mildes Currypulver

Bratbutter/Butterschmalz zum Braten

Kartoffelpüree

500 g mehlig kochende Kartoffeln
1 dl/100 ml Milch
Meersalz
frisch geriebene Muskatnuss
30 g Butter
$1/2$ dl/50 g Rahm/süße Sahne

1 Die Kartoffeln schälen und in kleine Würfel schneiden, im Dampf weich garen.

2 Die Milch erhitzen, mit Salz und Muskatnuss würzen. Die Kartoffeln durch die Kartoffelpresse in die heiße Milch drücken. Die Butter zufügen. Kurz vor dem Servieren den halbsteif geschlagenen Rahm unterziehen.

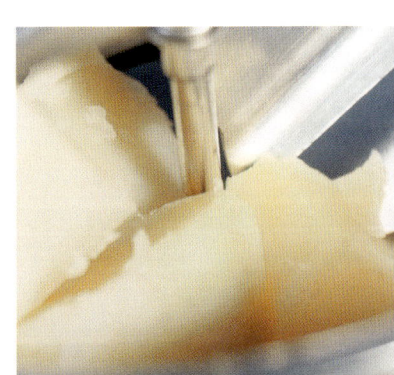

Schupfnudeln

300 g mehlig kochende
Kartoffeln
2 Eigelbe von Freilandeiern
1 EL Ricotta
Meersalz
frisch geriebene Muskatnuss
frisch gemahlener Pfeffer
50 g weiche Butter
50 g Weizen- oder
Dinkelweißmehl/Mehltype 405
100 g Spätzlemehl
(s. Nudelteig, S. 74)

natives Olivenöl extra zum
Beträufeln
Butter zum Braten

1 Die Kartoffeln in der Schale im Dampf weich garen, noch heiß schälen und durch die Kartoffelpresse drücken.

2 Eigelbe und Ricotta glatt rühren, mit Salz, Muskatnuss und Pfeffer würzen, mit der Butter, dem Weißmehl und 50 g Spätzlemehl zu den Kartoffeln geben, zu einem Teig zusammenfügen.

3 Vor der Weiterverarbeitung die Konsistenz des Kartoffel-teigs prüfen, indem man 2 bis 3 Klößchen in kochendes Salzwasser gibt. Wenn die Klößchen kompakt bleiben, dann hat der Teig die richtige Konsistenz. Wenn sie zerfallen, restliches Spätzlemehl einarbeiten.

4 Aus dem Kartoffelteig daumendicke Rollen drehen, diese in etwa 1 cm dicke Stücke schneiden und länglich drehen.

5 In einem großen Kochtopf reichlich Salzwasser aufkochen. Die Schupfnudeln portionsweise in das kochende Wasser geben. Sobald sie an die Oberfläche steigen, mit einem Schaumlöffel herausnehmen und auf ein Kuchenblech ver-teilen, mit Olivenöl beträufeln, durch Bewegen des Back-bleches gut mischen, zugedeckt beiseite stellen.

6 Schupfnudeln vor dem Servieren in einer beschichteten Bratpfanne in wenig Butter erhitzen oder anbraten.

Gewürz-Rotkraut

1 mittelgroßer Rotkohl
1 säuerlicher Apfel
1 kleine Zwiebel
50 g Heidelbeeren oder
Holunderbeeren
3 dl/300 ml Rotwein
3 EL Rotweinessig
1 EL Zucker
1 EL Kräutermeersalz
frisch gemahlener
schwarzer Pfeffer
1 EL geriebene Ingwerwurzel
1 EL Risottoreis
1 Gewürzbeutel (8 zerdrückte
Koriandersamen, 8 Wacholderbeeren, 1 Nelke, 1/2 zerdrückte
Zimtstange, 1 Lorbeerblatt,
1 Prise Cayennepfeffer)

1 Den Rotkohl halbieren, den Strunk keilförmig herausschneiden, die dicken Blattrippen entfernen, die Blätter in
Streifen schneiden. Den Apfel schälen, vierteln und entkernen, die Fruchtviertel in kleine Stücke schneiden. Die
Zwiebel schälen und in feine Ringe schneiden.

2 Sämtliche Zutaten vermengen, über Nacht bei Zimmertemperatur zugedeckt marinieren.

3 Den Backofen auf 150 °C vorheizen.

4 Das marinierte Kraut samt Gewürzbeutel in eine flache
Pfanne geben, aufkochen. Die zugedeckte Pfanne in
den Ofen schieben, das Kraut bei 150 °C 2 Stunden weich
schmoren, von Zeit zu Zeit rühren. Den Gewürzbeutel
entfernen, das Rotkraut nach Belieben nachwürzen.

Radicchioröllchen

4 große Radicchii di Verona oder
Cicorino rosso
Kräutermeersalz
frisch gemahlener
schwarzer Pfeffer
geriebener Parmesan
1 Portion Hexen-Polenta,
Seite 79

Butter für die Form

1 Die äußeren Blätter beim Radicchio entfernen, die
übrigen Blätter abbrechen und im Salzwasser blanchieren,
auf Küchenpapier legen und trocken tupfen.

2 Den Backofen auf 220 °C vorheizen. Eine Gratinform mit
Butter einfetten.

3 Die Blätter mit Kräutersalz und Pfeffer würzen und mit
Parmesan bestreuen. Auf jedes Blatt einen Esslöffel Polenta
geben, satt einrollen. Die Röllchen in die vorbereitete
Form legen, mit Parmesan bestreuen.

4 Die Gratinform in der Mitte in den Ofen schieben, die
Radicchioröllchen bei 220 °C 5 Minuten gratinieren.

Hexenpolenta

¹/₂ l Gemüsebrühe
1 Lorbeerblatt
frisch geriebene Muskatnuss
frisch gemahlener
schwarzer Pfeffer
125 g Bramata-Mais
(grober Maisgrieß)
1 EL natives Olivenöl extra
80 g Rosinen
40 g Butter
1 Rosmarinzweig
2 EL geriebener Parmesan

1 Den Backofen auf 120 °C Unter- und Oberhitze vorheizen.

2 Die Gemüsebrühe mit dem Lorbeerblatt in einer flachen Pfanne aufkochen, mit Muskatnuss und Pfeffer würzen, den Maisgrieß einrieseln lassen, unter ständigem Rühren aufkochen. Die Pfanne in den vorgeheizten Ofen schieben, die Polenta bei 120 °C 30 Minuten garen. Die Rosinen unterrühren, nochmals für 10 Minuten in den Ofen schieben.

3 Butter mit dem Rosmarinzweig in einer kleinen Pfanne braun werden lassen.

4 Braune Butter durch ein Sieb zur Polenta geben, mit dem Parmesan unterrühren.

Buntes Rosenkohl-Allerlei

1 dl/100 ml Apfelsaft
4 zerdrückte Wacholderbeeren
6 zerdrückte schwarze
Pfefferkörner
2 EL getrocknete rosa
Pfefferkörner
100 g Rosenkohl
1 Möhre
Kräutermeersalz
frisch gemahlener
schwarzer Pfeffer
1 Boskoop Apfel
1 EL Bratbutter/Butterschmalz
2 EL Mandarinen-Olivenöl*

1 Den Apfelsaft mit den Wacholderbeeren und den schwarzen Pfefferkörnern auf ein Viertel einkochen, die rosa Pfefferkörner zufügen, zugedeckt beiseite stellen.

2 Beim Rosenkohl äußere Blätter entfernen, die einzelnen Blätter bis auf das Herz ablösen und das Herz vierteln. Die Möhre schälen und in feine Stäbchen schneiden. Rosenkohl und Möhrenstäbchen getrennt im Salzwasser blanchieren, das Gemüse mit dem Schaumlöffel herausnehmen, auf einem Kuchenblech ausdampfen lassen, mit Kräutersalz und Pfeffer würzen.

3 Den Apfel schälen, vierteln, entkernen, Fruchtviertel feinblättrig schneiden. Apfelstücke in einer beschichteten Bratpfanne in der Bratbutter schwenken. Die Apfelsaftreduktion zufügen, aufkochen, das Gemüse unterrühren, mit Mandarinenöl abrunden.

* Natives Olivenöl, vermischt mit etwas Mandarinensaft und -schalenabrieb von ungespritzten Mandarinen.

Salat aus weißen Böhnchen

50 g weiße Bohnen (möglichst kleine)
1 Lorbeerblatt

Sauce
2 EL Rotweinessig
3 EL natives Olivenöl extra
$1/2$ TL Meersalz
frisch gemahlener
schwarzer Pfeffer
1 Prise Kardamom
8 in Öl eingelegte entsteinte
schwarze Oliven
4 in Öl eingelegte Dörrtomaten
gehackter Oregano

1 Die weißen Bohnen über Nacht in kaltem Wasser einweichen, das Einweichwasser abgießen, die Bohnen mit kaltem Wasser überbrausen. Bohnen und Lorbeerblatt mit reichlich kaltem Wasser aufsetzen, bei mittlerer Hitze weich garen.

2 Die Oliven vierteln, die Dörrtomaten klein schneiden.

3 Rotweinessig und Olivenöl mit Salz, Pfeffer sowie Kardamom verquirlen. Oliven, Dörrtomaten und Oregano zufügen. Die weißen Böhnchen abgießen, noch heiß zur Sauce geben. Zugedeckt 30 Minuten oder länger ziehen lassen.

Tipp
Zur Galantine von Wildente,
Seite 30, servieren.

Marinierte Steinpilze

8 gleich große Steinpilze
natives Olivenöl extra
Meersalz

Marinade
2 EL natives Olivenöl extra
1 EL Balsamico-Essig
frisch gemahlener
schwarzer Pfeffer
1 Bund gehackte Petersilie

1 Die Steinpilze je nach Größe halbieren oder vierteln.

2 Die Marinade zubereiten.

3 Eine beschichtete Pfanne erhitzen, mit wenig Olivenöl einpinseln. Die Pilze mit der Schnittfläche nach unten in die Pfanne legen und braten.

4 Die gebratenen Pilze auf einen Teller legen, mit Salz bestreuen. Die Marinade darüber verteilen.

Tipp
Zur Fasanenmousse, Seite 32,
servieren.

Gefüllte Brioche

300 g Briocheteig, Seite 72
1 mittelgroße Lauchstange
20 g Wintertrüffel
1 TL Butter
2 EL Portwein
$^1/_2$ dl/50 g Rahm/süße Sahne
Kräutermeersalz
frisch gemahlener weißer Pfeffer

Eigelb zum Einpinseln
Butter für die Form

Tipp
Zur Paupiette vom Wildschwein,
Seite 34, servieren.

1 Lauch putzen, längs aufschneiden, die Blätter lagenweise in kleine Quadrate schneiden.

2 Die Trüffel mit einer Bürste putzen, in etwa 2 mm große Würfelchen schneiden.

3 Die Butter in einer flachen Pfanne zerlassen, Lauch und Trüffel zufügen, 2 Minuten dünsten. Portwein und Rahm zufügen, mit Kräutersalz und Pfeffer würzen, köcheln lassen, bis die Flüssigkeit bindet, zugedeckt auskühlen lassen.

4 Den Backofen auf 200 °C Unter- und Oberhitze vorheizen. Das Blech einfetten.

5 Den Briocheteig in 8 gleich große Portionen teilen. Für die Hütchen von jedem Teil 20 g wegzupfen und daraus Kugeln formen. Aus dem restlichen Teig Rondellen formen, die Füllung in die Mitte geben, verschließen, indem man Kugeln formt, auf das Blech legen, mit Eigelb einpinseln. In jede Kugel eine Vertiefung drücken, die Hütchen darauf setzen, ebenfalls mit Eigelb einpinseln. 15 Minuten ruhen lassen.

6 Die Brioche im vorgeheizten Ofen bei 200 °C auf mittlerer Schiene etwa 10 Minuten backen.

Rahmwirsing

500 g Wirsing
3 dl/300 g Rahm/süße Sahne
Kräutermeersalz
frisch gemahlener
schwarzer Pfeffer
1 EL getrocknete Preiselbeeren

1 Die äußeren Wirsingblätter entfernen. Die übrigen Blätter abbrechen und die festen Blattrippen herausschneiden, Blätter in Streifen schneiden, diese in reichlich Salzwasser blanchieren, in ein Sieb abgießen und gut ausdrücken.

2 Rahm aufkochen, mit Kräutersalz und Pfeffer würzen, die Wirsingstreifen zufügen, 5 Minuten köcheln, Preiselbeeren zufügen, bei schwacher Hitze köcheln, bis die Rahmsauce bindet.

Gebratene Schwarzwurzeln mit Kernen und Preiselbeeren

1 EL Kürbiskerne
1 EL Cashewkerne
8 mittelgroße Schwarzwurzeln
4 Shiitake
2 EL natives Olivenöl extra
2 EL getrocknete Preiselbeeren
1 EL Birnendicksaft
1 EL Portwein
Kräutermeersalz
frisch geriebene Muskatnuss
1 Prise Chilipulver

1 Kürbis- und Cashewkerne zerdrücken, in einer Bratpfanne ohne Fett leicht rösten.

2 Die Schwarzwurzeln schälen, die Stangen in 3 mm dicke Scheiben schneiden. Die Stiele der Pilze entfernen, Hüte in feine Streifen schneiden.

3 Olivenöl in einer beschichteten Bratpfanne bei mittlerer Hitze erwärmen. Die Schwarzwurzeln zufügen und unter ständigem Rühren hellbraun braten, die Shiitake und die Preiselbeeren zufügen, bei schwacher Hitze zugedeckt 3 Minuten dünsten.

4 Den Birnendicksaft und den Portwein verrühren und würzen, das Gemüse vor dem Servieren damit abschmecken.

Glasierte Marroni/Esskastanien

80 g Zucker
1 dl/100 ml Orangensaft
2 EL Bratenjus
$1/2$ Chilischote
50 g Würfelchen von Knollensellerie (Brunoise)
200 g gefrorene Esskastanien

Zucker in einer Pfanne bei mittlerer Hitze hellbraun karamellisieren, Orangensaft und Bratenjus zufügen, den Karamell auflösen. Selleriewürfelchen und Chilischote zufügen, kurz köcheln lassen. Esskastanien zufügen, erhitzen, auf der ausgeschalteten Wärmequelle weich garen.

Rosenkohlravioli

$1/2$ Rezeptmenge Nudelteig,
Seite 74
200 g Rosenkohl
2 Scheiben fein gehackte
Pancetta
5 gehackte Walnüsse
$1/2$ dl/50 g Rahm/süße Sahne
wenig Paprikapulver
reichlich frisch gemahlener
schwarzer Pfeffer
2 EL Mie de Pain (Brotkrume
ohne Kruste)

1 rote Chilischote,
in feinen Ringen
$1/2$ Bund glattblättrige Petersilie,
gehackt
1 TL natives Olivenöl extra
frisch geriebene Muskatnuss
frisch gemahlener
schwarzer Pfeffer
Meersalz

1 Beim Rosenkohl die äußeren, groben Hüllblätter abbrechen. Für die Garnitur eine Hand voll schöne Blätter ablesen. Die Röschen grob hacken.

2 Pancetta in einer beschichteten Pfanne knusprig braten. Den gehackten Rosenkohl zufügen und 5 Minuten mitdünsten. Die Baumnüsse und den Rahm zufügen, bei mittlerer Hitze köcheln lassen, bis die Flüssigkeit bindet, mit Paprika und Pfeffer würzen, Mie de Pain unterrühren.

3 Den Nudelteig dünn ausrollen, mit einem gezackten Ausstecher Rondellen von etwa 8 cm Durchmesser ausstechen. Die Füllung in die Mitte geben. Die Teigränder mit Wasser bepinseln, die Rondellen zusammenklappen, die Ränder andrücken. Bis zum Kochen auf ein bemehltes Kuchenblech legen.

4 Die Ravioli in reichlich kochendem Salzwasser 3 Minuten ziehen lassen.

5 4 EL Ravioliwasser, Chiliringe, Petersilie, Rosenkohlblätter und Olivenöl in einer flachen Pfanne kurz köcheln lassen, mit Muskatnuss, Pfeffer und Salz abschmecken. Die Ravioli zufügen und darin schwenken.

Äpfel mit Preiselbeerfüllung

1 Die Äpfel schälen und halbieren, das Kerngehäuse mit dem Pariser Löffel ausstechen.

2 Wasser, Weißwein, Zucker, Zitronensaft und Zimtstange aufkochen. Die Apfelhälften in den Fond legen und bei schwacher Hitze weich garen.

3 Die Äpfel aus dem Fond nehmen, mit dem Preiselbeerkompott füllen.

2 Rubinette oder
Golden Delicious
1 dl/100 ml Wasser
1 dl/100 ml Weißwein
50 g Zucker
1/2 Zitrone, Saft
1 Zimtstange

Preiselbeerkompott, Seite 89

Gewürzbirne im Rotwein

1 Die Birnen schälen. Die kleinen Früchte ganz lassen, die großen halbieren und das Kerngehäuse mit dem Pariser Löffel ausstechen.

2 Den Rotwein mit den restlichen Zutaten aufkochen. Birnen in den Fond legen und bei schwacher Hitze weich garen. Früchte aus dem Fond nehmen, nach Belieben fächerartig aufschneiden.

Rotweinfond
Bei mittlerer Hitze auf die Hälfte einkochen, durch ein Sieb passieren. Der Fond kann zum Verfeinern von Wildsaucen oder zum Dekorieren von Wildgerichten (Muster auf den Teller träufeln) verwendet werden.

4 kleine Birnen oder
2 große Birnen (Williams oder
Gute Louise)
3 dl/300 ml Rotwein
1 Lorbeerblatt
6 zerdrückte Pfefferkörner
2 Sternanis
50 g Birnendicksaft

Mini-Birne im Preiselbeersaft

1 Die Birnen schälen, halbieren und das Kerngehäuse mit dem Pariser Löffel oder Kugelausstecher entfernen.

2 Preiselbeersaft, Zucker und Sternanis aufkochen. Die Birnen in den Fond legen, bei mittlerer Hitze weich garen.

4 kleine Birnen
2 dl/200 ml Preiselbeersaft
2 EL Zucker
$1/2$ Sternanis

Grundrezepte

Wildfond – Grundfond

1 Wildknochen und Wildabschnitte unter kaltem Wasser abspülen, mit Rotwein, Wacholderbeeren, Koriandersamen und Rotweinessig mischen, bei Zimmertemperatur zugedeckt 24 Stunden marinieren. Alles in ein Sieb geben, die Marinade auffangen.

2 Das Erdnussöl in einem Brattopf erhitzen, die Knochen und die Fleischabschnitte von allen Seiten anbraten. Gemüse, Knoblauchzehen und Tomatenmark zufügen, das Ganze unter ständigem Rühren bei mittlerer Hitze 10 Minuten rösten. Den Topfinhalt mit der Marinade löffelweise glasieren, damit die Knochen und die Fleischabschnitte eine schöne dunkelbraune Farbe bekommen.

3 Den Brattopfinhalt in einen großen Kochtopf geben, Lorbeerblatt, Pfefferkörner und Apfelstücke zufügen, mit dem Rotwein auffüllen, aufkochen, den Fond bei schwacher Hitze rund 2 Stunden köcheln. Den Fond entfetten.

4 Den Topfinhalt durch ein feines Sieb in eine Schüssel passieren. Den Topf auswaschen, den Fond wieder zufügen, bei schwacher Hitze auf 2 dl/200 ml einkochen lassen.

500 g klein gehackte Wildknochen und Wildfleischabschnitte
1 l kräftiger Rotwein
5 zerdrückte Wacholderbeeren
$1/2$ EL zerdrückte Koriandersamen
1 dl/100 ml Rotweinessig
2 EL Erdnussöl
100–150 g Gemüsewürfelchen (Karotten, Zwiebeln, Knollensellerie)
2 Knoblauchzehen
1 EL Tomatenmark, 3-fach konzentriert
1 Lorbeerblatt
5 zerdrückte schwarze Pfefferkörner
1 klein geschnittener Apfel
2 l Rotwein

Wildrahmsauce

1 dl/100 ml Wildsauce, Seite 89
$1/2$ dl/50 g Rahm/süße Sahne
1 EL Calvados

1 Die Hälfte der Sahne steif schlagen.

2 Die restliche Sahne mit der Wildsauce aufkochen, bei schwacher Hitze auf 1 dl/100 ml reduzieren.

3 Kurz vor dem Servieren die steif geschlagene Sahne und den Calvados unter die heiße Sauce rühren, nicht mehr kochen.

Wildsauce

1–2 EL getrocknete
Steinpilze
1 dl/100 ml Portwein
2 gehackte Schalotten
1/2 klein geschnittener Apfel
1 EL Preiselbeerkompott,
siehe folgendes Rezept
2 dl/200 ml Wildfond, Seite 88
Kräutermeersalz
Cayennepfeffer
1 EL kalte Butterstückchen

1 Die Steinpilze in wenig lauwarmem Wasser einweichen.

2 Steinpilze mit Einweichwasser, Portwein, Schalotten und Äpfeln in einer kleinen Pfanne aufkochen, die Flüssigkeit bei mittlerer Hitze auf die Hälfte reduzieren. Wildfond zufügen, bei schwacher Hitze auf 1 dl/100 ml reduzieren. Die Sauce durch ein feines Sieb drücken.

3 Die Sauce nochmals aufkochen, würzen. Butterstückchen mit dem Schneebesen unterrühren, die Sauce nicht mehr kochen.

Varianten
Die Wildsauce soll eine Mischung von leichter Süße, geheimnisvollen Gewürzen und subtiler Schärfe sein. Sternanis, Zimt, Koriandersamen, rosa Pfeffer, Piment, Macis, Dörrobst, Preiselbeeren, Heidelbeeren und Rosinen geben ihr Spannung.

Preiselbeerkompott

2 dl/200 ml kräftiger Rotwein
100 g Birnendicksaft
300 g Preiselbeeren
1 Boskoop Apfel

1 Rotwein mit Birnendicksaft aufkochen, Preiselbeeren zufügen, bei schwacher Hitze 10 Minuten kochen, in ein Sieb abgießen, den Fond auffangen, zurück in den Topf geben, bei schwacher Hitze auf die Hälfte einkochen.

2 Den Apfel schälen, vierteln und entkernen, Fruchtviertel in kleine Würfel schneiden.

3 Apfelwürfelchen mit Preiselbeeren zum Fond geben, aufkochen. Kompott auf der ausgeschalteten Wärmequelle zugedeckt 10 Minuten ziehen lassen.

Vorratshaltung
Das heiße Preiselbeerkompott in ein Einmachglas mit Schraubverschluss füllen, sofort verschließen.

Serviervorschlag
Ideal zum Füllen von gegarten Apfel- oder Birnenhälften oder als Kompott zu Wildgerichten.

Wildgeflügelfond

500 g Fasanenabschnitte
(von 2–3 Fasanen)
300 g Wildknochen und
Wildfleischabschnitte
1 gehackter Kalbsfuss
2 l Geflügelbrühe
1 l Wasser
4 zerdrückte Wacholderbeeren
6 zerdrückte weiße Pfefferkörner
1 Thymianzweig
1 mittelgroße Karotte
1 kleiner Lauch
$1/2$ Quitte
2 EL Erdnussöl

1 Knochen und Fleischabschnitte mit kaltem Wasser abspülen, im kochenden Wasser blanchieren, in ein Sieb abgießen und erneut abspülen.

2 Die Karotte schälen und zerkleinern. Den Lauch putzen, in Streifen schneiden. Quittenflaum mit einem trockenen Tuch abreiben, die Frucht schälen und entkernen, klein schneiden.

3 Knochen und Fleischabschnitte mit der Geflügelbrühe und dem Wasser in einem großen Kochtopf aufkochen, den Schaum abschöpfen. Gewürze, Kräuterzweig, Gemüse und Quitten zufügen, bei schwacher Hitze 2 Stunden köcheln, das Fett immer wieder abschöpfen. Den Topfinhalt durch ein feines Sieb passieren, den Fond auffangen.

4 Fond in einem kleineren Topf bei schwacher Hitze auf einen Liter einkochen.

Birnen-Chutney

600 g Birnen
$1/2$ Bio-Zitrone, davon
einige Zesten und Saft
80 g Zucker
3 dl/300 ml Apfelsaft
$1/2$ dl/50 ml Apfelessig
10 zerdrückte Koriandersamen
2 Kardamomsamen
1 cm Zimtstange
1 Chilischote, entkernt,
klein gewürfelt (Brunoise)
40 g geschälte Ingwerwurzel,
klein gewürfelt
1 EL Akazienhonig

Variante
Birnen durch Äpfel ersetzen.

1 Birnen schälen, halbieren, Kerngehäuse entfernen, die Hälften in 5 mm große Würfel schneiden. Fruchtschalen und Kerngehäuse aufbewahren.

2 Zucker in einer hoch erhitzbaren Pfanne karamellisieren, Apfelsaft und Apfelessig zufügen, aufkochen. Karamell auflösen, sämtliche Gewürze, Schalen und Kerngehäuse der Birnen zufügen, die Flüssigkeit bei mittlerer Hitze auf die Hälfte einkochen lassen, durch ein feines Sieb passieren und den Fond auffangen. Koriander, Kardamom und Zimt entfernen.

3 Den Fond mit Früchten, Chili und Ingwer aufkochen, 5 Minuten köcheln lassen, den Honig unterrühren.

4 Das heiße Birnen-Chutney in Gläser mit Schraubverschluss füllen, sofort verschließen. Haltbarkeit: 3 bis 4 Monate.

Zwetschgen-Chutney

500 g Zwetschgen
1 Zitronengrasstängel
50 g geschälte Galgantwurzel
(Ersatz für Ingwer),
klein gewürfelt
1 dl/100 ml Süßwein,
z. B. Sauternes
$^1/_2$ TL Zitronenpfeffer
2 EL Akazienhonig
4 EL Himbeeressig
1 Msp Nelkenpfeffer (Piment)
1 Msp Cayennepfeffer

Variante
Die Zwetschgen durch Kirschen
(Früchte vierteln) oder
Aprikosen ersetzen.

1 Die Zwetschgen halbieren und entsteinen, den Stiel-
ansatz wegschneiden, die Hälfte der Fruchthälften halbieren,
den Rest klein würfeln.

2 Die harten äußeren Schichten des Zitronengrases entfernen und das Herz fein schneiden.

3 Den Süßwein aufkochen, die Zwetschgenviertel zufügen
und 3 Minuten kochen, mit dem Stabmixer pürieren.

4 Das Zwetschgenpüree mit dem Zitronengras und dem
Galgant aufkochen, bei schwacher Hitze 10 Minuten
kochen. Honig, Essig, restliche Gewürze und Zwetschgen-
würfelchen unterrühren, aufkochen.

5 Das heiße Zwetschgen-Chutney in Gläser mit Schraubverschluss füllen, sofort verschließen.

Holunderkompott

1 kg Holunderbeerendolden
$^1/_2$ l Apfelsaft
200 g Zucker
50 g getrocknete Apfelringe,
klein gewürfelt
1 Chilischote,
längs aufgeschnitten, entkernt
1 TL Agar-Agar-Pulver

1 Die Dolden unter fließendem Wasser waschen, die Beeren
von den Stielen zupfen.

2 Holunderbeeren, Apfelsaft, Zucker, getrocknete Äpfel
und Chilischote in einem großen Kochtopf aufkochen,
bei schwacher Hitze 15 Minuten kochen lassen. Das Agar-
Agar-Pulver mit wenig kaltem Wasser anrühren, unter das
Kompott rühren, bei schwacher Hitze 5 Minuten kochen
lassen.

3 Das heiße Kompott in Gläser mit Schraubverschluss füllen,
sofort verschließen.

Genuss aus Wald und Flur

Die feine Pilzküche
von Thuri Maag

Exquisite Rezepte eines Profikochs mit brillanten Fotos und zahlreichen Schritt-für-Schritt-Abbildungen sowie einer ausführlichen Warenkunde mit Detailaufnahmen und kulinarischer Charakteristik der einzelnen Zucht- und Speisepilze. Sammler werden durchs Pilzjahr begleitet – mit fantastischen Naturaufnahmen, Tipps zum Standort und zum Sammeln sowie botanischen Angaben zu Hut, Stiel, Fleisch usw. 221 Seiten mit 250 Farbfotos, großes Bildbandformat, 21,5 x 29 cm. ISBN 978-37750-0493-0

Das goldene Buch der Walnuss
von Erica Bänziger

Energie für Herz und Hirn. Wer die Walnuss wählt, erntet köstliche Genüsse. Das Buch beschreibt: Herkunft und Geschichte, Mythen und Bräuche, Botanik, Naturheilkunde und verrät jede Menge köstlicher Rezepte. 124 Seiten, 48 Farbfotos, 18,5 x 24 cm. ISBN 978-3-7750-0529-6

Schinken und andere Delikatessen
einfach selbstgeräuchert und konserviert
von Karl-Friedrich Schmidt

Räucherspaß – ob mit Wacholderaroma oder über Buchenholz, frisch geräuchert wird Schinken aber auch Wurst, Käse oder Fisch zur Delikatesse. Aus der Praxis für die Praxis ist dies der ideale Ratgeber für Jäger und Angler, Hobbyköche, Einsteiger und Fortgeschrittene. 160 Seiten mit 67 Farbfotos, 16,5 x 21 cm. ISBN 978-3-7750-0421-3

Bücher für mehr Genuss: www.haedecke-verlag.de

Kräuter für die Küche

Wildkräuter – Natur + Küche
von Ralf Hiener, Olaf Schnelle und Anne Freidanck

Überraschende Wildkräuter-Variationen in der Küche! Ob Ackerveilchen, Bronzefenchel, Engelwurz, Giersch, Melde, Ringelblume, Schafgarbe, Süßdolde oder Waldmeister: das Buch bietet neben ausführlichen Porträts zu rund 40 Wildkräutern raffinierte und leckere Rezepte vom Grundrezept für Kräuterpesto, -sirup oder -öle bis hin zu begeisternden Dessertvorschlägen.
176 Seiten mit 100 Farbfotos, Geschenkband mit Schutzumschlag, 18,5 x 24 cm. ISBN 978-3-7750-0540-1

Basilikum
Viel mehr als ein Küchengewürz
von Thuri Maag und Theres Berweger

Aus eigener Ernte bereichern die unterschiedlichen Basilikumsorten Ihre Küche einen ganzen Sommer lang. Gehen Sie mit auf kulinarische Entdeckungsreise! Mit Basisinformationen zu 16 Basilikumsorten. Geschichte, Herkunft, Anbau, Verwendung. Rezepte von Drinks und Hauptgerichten bis zu Gebäck und Desserts.
93 Seiten mit 68 Farbfotos, Geschenkband mit Schutzumschlag, 18,5 x 24 cm. ISBN 978-3-7750-0476-3

Minze – Feuer und Eis für Küche und Wohlbefinden
von Lucas Rosenblatt und Theres Berweger

Die Minzfamilile ist riesig – es gibt über 300 Sorten. Die vielfältigen Einsatzmöglichkeiten dieses Krauts gehen weit über Tees oder die bekannte Minzsauce hinaus! Die ausführlich vorgestellten 28 Sorten decken die geschmacklichen Feinheiten von feurig-scharf bis fruchtig-mild ab und sind alle bei uns erhältlich. Mit Gesundheitstipps, Hinweisen zum Sammeln sowie für den Anbau im eigenen Garten und vielen kreativen Rezepten.
141 Seiten mit 80 Farbfotos, Geschenkband mit Schutzumschlag, 18,5 x 24 cm. ISBN 978-3-7750-0444-2

Walter Hädecke Verlag, D-71256 Weil der Stadt,
Tel. 0 70 33-13 80 80 / Fax 1 38 08 13